阅

阅读成就思想……

Read to Achieve

留人更要留人心

员工激励的破解之道

周锡冰◎著

中国人民大学出版社
• 北京 •

图书在版编目（CIP）数据

留人更要留人心 : 员工激励的破解之道 / 周锡冰著. -- 北京 : 中国人民大学出版社, 2022.1
ISBN 978-7-300-29969-3

Ⅰ. ①留… Ⅱ. ①周… Ⅲ. ①企业管理－人事管理－激励－研究 Ⅳ. ①F272.92

中国版本图书馆CIP数据核字(2021)第207105号

留人更要留人心：员工激励的破解之道
周锡冰　著
Liuren Gengyao Liurenxin：Yuangong Jili de Pojie zhi Dao

出版发行	中国人民大学出版社		
社　　址	北京中关村大街 31 号	**邮政编码**	100080
电　　话	010-62511242（总编室）		010-62511770（质管部）
	010-82501766（邮购部）		010-62514148（门市部）
	010-62515195（发行公司）		010-62515275（盗版举报）
网　　址	http：//www.crup.com.cn		
经　　销	新华书店		
印　　刷	天津中印联印务有限公司		
规　　格	170mm×230mm　16 开本	**版　次**	2022 年 1 月第 1 版
印　　张	12.75　插页　1	**印　次**	2022 年 1 月第 1 次印刷
字　　数	155 000	**定　价**	59.00 元

前言

21世纪什么最贵？答案自然是人才。自古以来，对于任何一个组织来说，不管是帝国，还是企业，抑或是一个小团队，领导者对人才的重视与否，一直是影响一个组织兴衰成败的关键。

2021年3月31日，华为发布2020年度财报，财报数据显示："2020年，在面临新冠疫情严峻挑战的情况下，华为全球化的供应链体系同时还承受了巨大的外部压力。华为聚焦ICT基础设施和智能终端，持续投入，以创新的ICT技术持续为客户创造价值，助力全球科技抗疫、经济发展和社会进步，全年实现收入人民币8914亿元，同比增长3.8%。"

客观地讲，华为之所以能够取得令业界羡慕的业绩，是因为华为19.6万人才的贡献，这才是推动华为高速发展的原动力。那么问题来了，华为19.6万人才为什么愿意"以客户为中心"呢？答案就是华为完善的激励制度。华为最大化地激活了人才的潜能。

第一，给予人才一个实现自我价值的平台。

第二，在组织建设中，重视长期激励与短期激励的有机统一。

第三，获取分享的利益驱动机制。企业的经营机制，说到底就是一种利益的驱动机制。价值分配系统必须合理，使那些真正为企业做出贡献的人才得到合理的回报，企业才能具有持续的活力。

第四，完善的员工薪酬激励体系。

华为创始人任正非强调，奖金要基于价值创造，华为坚持员工的奖金要基于为公司创造的价值，只有靠奋斗和努力才能得到，进一步强化了员工挣奖金，而不是公司分奖金的获取分享理念。

除了物质奖励，华为还有精神激励、事业激励、人才培养激励等诸多组合拳，真正地把激励这个有效的管理工具最大化了。这才是华为面临危机却依然独立鳌头的真正原因。

客观地讲，由于人才自身的特殊性，在进行员工激励时，作为管理者，必须搞清楚激励是什么？什么时候激励？如何激励员工？激励员工什么？……否则，管理者不但不能有效地激励员工，还有可能引起员工的反感，甚至是敌对情绪，错失最佳的激励时机和效果。鉴于此，不管是世界500强跨国企业，还是一些小微的隐形冠军企业，要想基业长青和永续经营，员工激励就是一个不得不迈过的门槛。

在本书中，笔者作为一名拥有20余年创业经历的老兵，同时还是一名总裁班讲师，能够接触到上百位营业收入上亿的企业家学员，能够挖掘和复盘他们在组织管理中所犯下的员工激励错误，以及他们在员工激励中积累的经验，期望能给我国众多企业管理者提供帮助。

目录

第 3 章　奖励员工想要的才是激励的初衷

第 4 章　只有物质奖励的激励效果差很多

第 5 章　惩罚很重要，但正强化更重要

第 6 章　商鞅立木取信，激励承诺需兑现

第 7 章　激励员工需认真对待，切忌表面功夫

第 8 章　奖惩机制建立在科学理论之上

第 9 章　激励有度，不能滥用

第 10 章　不与员工争功劳，让员工有成就感

第 1 章

高薪绝不是最好的激励方法

21 世纪什么最昂贵？答案自然是人才。随着改革开放的深入，优秀人才，尤其是中高级管理人才已经成为企业争相抢夺的战略资源。

因此，管理者就将面临一个棘手的难题：既然人才的作用如此重要，如何才能激励人才呢？

为了更好地激励员工，不少管理者采用高薪的办法来吸引和留住更多的核心人才，结果使得激励效用并不理想。究其原因，高薪绝对不是激励员工百发百中的“大力丸”，而是仅局限在某个阶段或某些员工身上。

走出千年激励陷阱——重赏之下，必有勇夫

细数我国数以万计的企业，几乎都是在“勃然而兴”后不久便陷入了经营困境之中，而最后因“激励综合征”走上破产之路的企业不胜枚举。

在一次公开课课间，一位张姓学员问询：“周老师，您说现在的员工真不好管，我给的工资是当地最高的，为什么还是起不到激励作用呢？”

梳理过往经验发现，长期以来，一些管理者错误地认为，“重赏之下，必有勇夫”，只要给予员工高薪，就能有效地激发员工的工作热情。殊不知，这样的激励管理理论本身就存在一定的局限性。

如今的员工个性化十足，管理者已经不可能按照诸如“重赏之下，必有勇夫”这类激励方式来激励员工了，仅靠重赏的激励手段已经无法满足员工的心理需求，原因有以下几点：

1. 从激励动机来讲，管理者吸引、留住人才，为人才提供优厚的薪资，其做法偶尔使用，的确不失为一种较好的激励方法，但是不能盲目地扩大范围。

2. 薪资不可能永远涨下去，总有见顶的时候，缺乏增长后劲。很显然，一旦

管理者把薪资的起点定得过高，那么员工后续涨幅的空间就很有限。当员工在工作一段时间后发现，自己薪资没有大幅度地增长时，高薪的激励作用就开始变得乏力，甚至会引发员工的不满，怨声载道的后续问题自然会诱发诸多危机事件。

3. 高薪将对员工造成负面的心理影响。由于薪酬过高，大部分员工为了保住这份工作，会产生巨大的心理压力。为了保住工作，他们会尽可能地减小出错的概率，这就使得有些热情较高的员工无法全身心地展开工作，从而阻碍公司的创新发展。

当高薪激励没有达到管理者的预期时，管理者更应该反思其特殊性。管理者若依旧采用这种古老的激励模式来激励员工，其激励效果将会微乎其微。在这里，我们分享一个真实的案例。

M 公司是 A 市一家日化产品生产公司。经过几年的高速发展，M 公司的销售额逐年攀升。在给 M 公司做内训时，我发现 M 公司销售人员的离职率非常高。

据 M 公司总经理罗浩明介绍，每到销售旺季，M 公司就会高薪招聘上百名销售人员，到销售淡季就大量裁减销售人员，甚至辞退八九十名销售员。

针对罗浩明大量辞退销售员的做法，销售经理陈大勇直言其后果很严重。

面对谏言，罗浩明不仅没有接受陈大勇的意见，反而得意洋洋地说："在 A 市不缺人，只是缺乏像你这样的将才，A 市这个地方有的是人，只要我们高薪招聘，还怕招不到我们想要的人吗？再说了，一年四季把他们'养'起来，花费的人力成本太高了，我们也得考虑用人成本。"

旺季高薪招人、淡季辞退的做法会不可避免地流失大量优秀人才，正如陈大勇所说："我们公司就是黄埔军校，给竞争对手培养了大量的优秀人才。"

就在罗浩明无故辞退销售员时，一些销售骨干也开始辞职。尽管罗浩明极力挽留，甚至提高 20% 的薪酬，结果还是没有把人留住。

面临销售骨干的流失，罗浩明依然我行我素，不以为然，这也进一步激化了他与陈大勇之间的矛盾。正值 M 公司销售旺季，跟随罗浩明多年的陈大勇和一部分销售骨干集体辞职，导致 M 公司近乎瘫痪。

此刻，罗浩明才意识到问题的严重性，甚至比他预想的要严重得多。罗浩明非常清楚，高薪的确可以招聘到销售人员，但是不一定能招聘到像陈大勇那样的优秀销售骨干和管理人才。

迫不得已，罗浩明“三顾茅庐”，到陈大勇家中“负荆请罪”，态度非常诚恳，而且还开出 150 万元的年薪，让陈大勇和一部分销售骨干回来。

在 A 市，即使是顶级职业经理人的薪酬也达不到 150 万元的年薪。此次，罗浩明失望了，陈大勇不为所动。

直到此时，罗浩明后悔万分，为什么当初没有好好听取陈大勇的建议呢？同时，更让罗浩明不解的是，陈大勇为什么拒绝 150 万元的年薪，到底用什么样的办法才能留住陈大勇这样的人才呢？

罗浩明的管理败局为管理者们提供了诸多启示，重赏之下，未必真的就有勇夫。摆在管理者面前的问题是，要想有效地留住人才，必须有效地解决人力资源开发手段、方法和技术等问题。①

鉴于此，我们给管理者提了几点建议，以避免高薪留不住自己器重的人才。

1. 要想有效地激励人才，管理者在激励管理中必须树立战略型人力资源管理理念，重视激励方法的实施，进行有效的人才开发和管理。

2. 在管理过程中，管理者必须提升企业内部沟通的效率，在员工与管理者之间建立一个完善而透明的双向沟通渠道，有效地提升内部沟通效率。管理者需要突破僵化的传统管理思维，摒弃管理者与员工之间管理与被管理的关系，建立一种全新的战略伙伴关系。

3. 很多管理者对员工的激励之所以无效，或者没能留住人才，其中一个非常

① 萧鸣政 . 人力资源开发：方法与技术 [M]. 北京：中国人民大学出版社，2015.

重要的因素就是管理者对人才缺乏有效的激励意识。

在给企业做内训时，我发现，很多企业的管理者激励意识淡薄、手段单一、落后。当优秀人才需要实现自我时，管理者只有给予优秀人才实现自我的舞台，使其有成就感、认同感，才能留住优秀人才。

4. 激励不仅体现了管理者的管理智慧，还是一门艺术。在管理实践的过程中，管理者不仅要充分发挥员工的工作责任心和岗位效率，还要注重员工的职业生涯规划，让员工明确各自的奋斗目标。

要想达到这样的管理效果，管理者必须充分了解员工任务完成情况、能力状况、需求、愿望等，在此基础上为员工提供有利于他们各自职业生涯规划的平台，让员工在为公司做出重大贡献的同时，也能实现自我价值，真正地以事业来留住优秀员工。

科学合理的奖励方式才能满足员工的需求

在我给一些大中型企业做内训时，经常有部门经理会问到一个关于是否可以给员工额外加薪、额外奖金的问题。这些部门经理认为，给予下属加薪是对其工作表现的认可和激励，是应该给予的。

经过问询得知，在他们的日常激励管理中，这些部门经理通常把加薪作为第一奖励方案。但他们不知道的是，加薪激励的管理手段只是暂时的，不可能一直持续下去，更何况加薪激励只是针对部分人群。因此，当管理者激励员工时，其出发点必须建立在满足员工各种需求的基础上，通过系统地设计出科学、合理的奖励和报酬等形式，才能充分满足员工的外在需求和内在需求。

高薪激励要分清对象

给予新生代员工与其贡献相称的报酬，同时还与他们分享创造财富的机会，这对提升新生代员工的满足感是很有帮助的。原因有两点：（1）管理者为新生代员工提供了充裕的物质保障；（2）管理者给新生代员工提供了实现自身价值的舞台。

之所以出现这样的变化，源于新生代员工的需求已经发生改变，其个性化和多元化需求更为强烈。在激励的过程中，管理者需要尽量满足新生代员工的个性化和多元化需求，只有这样，才可能产生有效的激励效果。

管理者在激励新生代员工时，必须深入分析新生代员工的多重复杂需求，找准对应的激励方式，才能从根本上解决新生代员工的激励问题，达到期望中的激励作用。[①] 在这里分享一个真实的案例。

2014 年初，我受邀给 D 集团公司讲授《丰田式成本管理》，接待我的是培训总监张瑜。

董事长林大伟向我介绍称，张瑜的工作能力很强，且业绩卓著。据了解，张瑜之前被委派到上海分公司，担任上海分公司副总经理兼销售总监，全权负责上海分公司的业务拓展。

为了激励张瑜的工作积极性，林大伟特批，给张瑜破格涨三倍薪水。

按照林大伟对张瑜的了解，张瑜应该是鼓足干劲，四处“攻城略地”，但是，张瑜却没有了以前的工作热情，甚至还打算辞职。

让林大伟不解的是，为什么升职、加薪反而导致了辞职呢？

经过一番了解，林大伟得知，引起张瑜不满的原因，竟然是她的上司——集团公司总经理兼上海分公司总经理韩文静。

① 张春艳 . 浅谈中小企业如何吸引和留住人才 [J]. 经营管理者，2017（28）：216.

韩文静对张瑜全权负责上海分公司的业务拓展工作颇不放心，甚至还担心张瑜不能胜任这份工作，经常干预张瑜的市场拓展。

在工作能力较强、习惯独立思考问题、解决问题的张瑜看来，韩文静处处插手，自然就是不信任自己。张瑜对此极为不满，甚至打辞职报告给林大伟，并且汇报了真实想法。

经过访谈，我们也查清了韩文静屡屡干预张瑜工作的真实原因：（1）韩文静工作能力较强；（2）大事小事都愿意亲力亲为；（3）上海分公司给D集团公司贡献了多达三分之二的利润。

反观上述案例，但凡韩文静多花一点时间了解自己的下属，在了解张瑜工作能力的基础上充分信任张瑜，并为其提供一个充分发挥才能的舞台，也就不会发生辞职事件了。

单独的高薪酬不具备激励效应

很多管理者固执地认为，员工激励必须与薪酬挂钩，否则不能称之为有效的激励。然而，美国双因素理论（Two Factor Theory）的提出者弗雷德里克·赫茨伯格（Fredrick Herzberg）却不认可这种说法。

双因素激励理论，又叫激励保健理论 。在双因素激励理论中，赫茨伯格把薪酬归纳到保健因素范畴内，即薪酬不具备激励效应。赫茨伯格得出这个结论的基础是，通过对众多会计师和工程师的工作满意度与生产率关系的考察，总结出了激励保健理论。

1. 激励因素。所谓激励因素包括工作本身、认可、成就和责任。这几个因素都涉及员工被管理者认可担负的岗位责任。

2. 保健因素。所谓保健因素包括公司政策和管理、技术监督、薪酬、工作条件以及人际关系等。对员工来说，保健因素是外在的，而激励因素是内在的。

根据赫茨伯格的双因素激励理论，管理者在激励员工、调动员工的工作积极性时，可以有针对性地采用以下两种方法。

1. 直接满足。又称工作任务以内的满足，是指通过工作得到的满足。直接满足是建立在工作本身和工作过程中人与人之间关系的基础之上的，并能让员工学习到新的工作技能，从而对工作产生更强的热情、光荣感、责任心和成就感。这不仅可以提升员工的忠诚度和效率，同时还能持久。

2. 间接满足。又称工作任务以外的满足，是指员工在工作之后获得的满足。例如，晋升、嘉奖、物质报酬以及福利等。其中，福利具体体现为工资、奖金、食堂、托儿所、员工学校、俱乐部等。①

不可否认的是，间接满足尽管与员工承担的工作任务有一定的关联，却不是直接得到的满足。当管理者利用间接满足来调动员工工作积极性时，通常存在一定的局限性，可能会使被激励的员工认为与工作本身的关系不大而不太在乎，一旦处理不好，还可能会产生负面激励作用。

建立科学合理的员工薪酬体系

只有建立一套科学的基于岗位价值的薪酬体系，才能满足员工的需求。顾名思义，岗位薪酬体系是以岗位的价值作为支付员工薪酬的基础和依据。简单地说，就是在确定员工的薪酬时，首要的任务是对岗位本身的价值做出客观评价，然后再根据评价结果赋予承担这一岗位工作的员工与岗位价值相当的薪酬。

---

① 程德元 . 职工福利费支出的纳税调整探讨 [J]. 财会学习，2008（03）：59–60.

与传统按资历和行政级别付酬的模式相比，岗位薪酬体系真正实现了同岗同酬，内部公平性比较强。当员工职位晋升时，薪级也提升，这就调动了员工努力工作以争取晋升机会的积极性。[①]

不科学的薪酬体系缺乏可持续性

管理者实施科学合理的薪酬管理，一方面能够有效激发员工的工作积极性，另一方面还能在竞争日益激烈的人才市场中吸引到优秀的员工。否则，员工流失就是一件必然的事件。

S公司是北京某房地产集团属下的一家全资子公司，成立初期，该公司非常注重规范化管理。

为了充分激发员工的工作积极性，该公司制定了一套在当时看来较为科学、完善的薪酬管理制度，并因此得到了较快的发展——在不到10年的时间内，S公司的业务增长了1500%。

随着S公司业务的增加和规模的扩大，员工也增加了不少，人数从成立初期的十多个人达到了目前的1120人。

尽管S公司发展与壮大了，但管理者们却仍然在执行当初的薪酬制度，即薪酬管理制度没有随着S公司的发展和人才市场的变化，做出适时调整，仍继续沿用以前的薪酬管理制度。

随着我国薪资水平的快速上涨，S公司管理者却无动于衷，这就导致了S公司的经营业绩不断下滑，客户的投诉也在不断地增加。曾经努力工作的员工也失去了往日的热情，甚至还出现了部分技术、管理骨干离职的情况，其他员工也有了辞职的打算。

① 宋联可，肖佩．知名企业薪酬模式比较及启示 [J]. 企业文明，2011（06）：30–33.

当工程部经理刘海得知自己的收入比后勤部经理刘山的收入少很多时，刘海心中产生了些许不公平感。

在刘海看来，工程部经理这一岗位相对后勤部经理来说，不仅工作难度更大，而且责任也更大，应该比后勤部经理得到更多的薪酬。

一段时间之后，刘海辞职加盟了一家物业公司，薪水是在 S 公司时的五倍。

刘海加盟新单位得到五倍薪酬的信息传入 S 公司后，员工辞职的情况就更多了，没有离开的员工也不再好好工作，得过且过。

员工流失、缺乏积极性，导致 S 公司的经营一度出现困难，S 公司的管理者这才意识到问题的严重性。

面对问题，管理层对 S 公司内部管理存在的问题进行了深入的了解和诊断，最后管理层一致认为，问题的关键是薪酬问题，问题如下：

（1）在关键技术骨干的薪酬上，明显低于市场平均水平，竞争力不足；

（2）薪酬结构设计不合理、不完善；

（3）薪酬体系设计不公平，诱发技术骨干和部分中层管理人员离职。

针对上述几个问题，S 公司管理层开始了以下一系列的薪酬改革：

（1）调查和分析市场薪酬的真实行情；

（2）调整原有的薪酬制度；

（3）制定科学合理的与企业战略和组织架构相匹配的薪资方案。

随着新的薪资方案的出台，S 公司又开始恢复良好的发展势头。

在上述案例中，S 公司工程部经理刘海辞职的一个重要原因就是岗位不同，其薪酬应该有所差异。但是 S 公司的薪酬制度不合理，没能有效地反映岗位之间的相对价值，由此导致了不公平感，诱发了工程部经理刘海的怠惰，工作缺乏热情，干劲不足，最终离职。像 S 公司这样存在薪酬问题的公司非常多，例如 W 餐厅。

位于北京海淀区的 W 餐厅，主要经营贵州遵义菜品。食材都是从贵州遵义采购，品质较好，口感也不错。此外，店老板郭倩把产自贵州省凤冈县的极品凤冈锌硒茶免费给顾客喝，来此进餐的顾客络绎不绝。

生意如此兴隆，让郭倩不得不考虑扩大 W 餐厅的经营规模，以此缓解顾客数量过多的问题。

说干就干，干练的郭倩通过互联网和中介等招聘渠道，招聘了 8 名新店员，其中两名女厨房帮工，年龄在 35 岁以上，负责食材的清洗和准备，月薪 2500 元。其余的 6 名店员，年龄在 22 ～ 30 岁，拥有较为丰富的餐厅工作经验，主要从事前厅的接待、点菜、上菜、结账等服务工作，其薪酬是月薪 2400 元加上销售提成。

在郭倩看来，薪酬不同的一个关键是，店员工种不同。厨房帮工是固定薪酬，但是月工资比服务员高 100 元。

相比厨房帮工，服务员则是底薪加上提成，薪酬机制相对合理。在堂食中，食客的各种不友好态度考验服务员的能力，一旦服务员工作尽责，巧妙地化解食客的刁难，可以增加食客的口碑度和忠诚度。

如郭倩预期，规模扩大后的 W 餐厅依然顾客爆满。不过，服务员和厨房帮工之间的对立情绪却在不断扩大。

导致这个矛盾的原因是，厨房帮工称，服务员得到的薪酬比厨房帮工多很多，尤其是夏季，厨房燥热又不能通风、工作非常辛苦，每月得到 2500 元的固定工资远远不够，也期望获得底薪加上提成，或者增加底薪。当听到服务员谈论自己的提成收入时，厨房帮工心里很不平衡，她们认为，自己如此辛苦，也该多拿工资。

服务员却不认可厨房帮工的要求，她们认为，厨房工作环境虽然艰苦，但是切菜、洗杯子、洗碗、洗盘子等工作人人都会做，而服务大堂需要较高的个人素养和职业化素养，并非厨房帮工可以做到的。

为了激励员工的积极性，经过慎重考虑，店老板拟订了一个加薪方案。具体如下：厨房帮工的月薪酬增加 200 元（即 2700 元），服务员的月薪底薪增加 100

元（即 2500 元）。

在给服务员和厨房帮工加薪后，之前的对立暂时消失了。但是，郭倩发现，问题依然有很多：

第一，厨房帮工的工作态度虽然有所好转，但是工作积极性并没有因为加薪而有所提升。

第二，服务员依旧不满，原因是郭倩只给她们的底薪加 100 元，其中两个店员还打听到不远处的餐厅给服务员的月薪是 2600 元后，打算跳槽到那家餐厅。

第三，此次加薪没给厨师加薪，引发了厨师们的不满。

令郭倩想不通的是，明明是给员工加薪，不但没有解决问题，相反还把厨师的不满情绪给诱发出来了，是什么导致厨房帮工、服务员、厨师不满的呢？其问题到底出在什么地方呢？

服务员比厨房帮工薪酬高，不是因为底薪高，而是因为她们有业务提成。相比服务员，厨房帮工只能拿固定工资。如果餐厅老板规定：只要厨师、厨房帮工能够为餐厅介绍客户，也能拿提成，那么，厨师、厨房帮工的积极性就会得到极大提高，也就不会抱怨待遇不公平了。

在企业管理过程中，激励员工的手段不只是加薪，还有更多，否则，像上述案例中的加薪问题还可能会出现。

常见的错误的薪酬管理体系

很多管理者在制定薪酬管理制度时，往往拍脑袋决定，从来不考虑薪酬制度的作用。

作为管理者，需要知道薪酬管理制度的最终目的是为了最大限度地调动员工的工作积极性和创造性。遗憾的是，很多管理者都缺乏高效的薪酬管理体系作为支撑，经常把错误的薪酬管理体系应用于员工激励中，如图 1–1 所示。

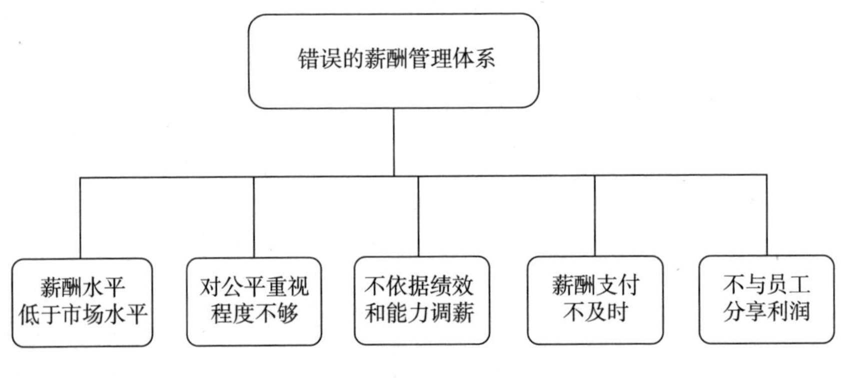

图 1–1　常见的错误的薪酬管理体系

第一，薪酬水平低于市场水平。这是薪酬管理中普遍存在的典型问题。这样的薪酬管理体系可以说毫无市场竞争力可言，吸引和留住员工更是痴人说梦。

年初，在《中国家族企业如何做到百年》培训课后，一公司老板 W 跟我说："周老师，听了您的课，帮助很大。我公司目前有些困难，能否带上您的团队给我公司做做咨询。"

在 W 的邀请下，我们团队进入该公司。据 W 介绍，该公司是由三家企业合并成的中型汽车配件企业。在合并后尽管发展速度还算正常，但是由于领导层重视生产，轻视管理，导致该公司的各项管理基础十分薄弱，如各项规章制度不够健全，更谈不上完善，特别是在人力资源管理方面，绝大部分员工对薪酬制度抱怨连连，严重影响了该公司正常的生产经营活动。

针对员工工作激情不高的情况，该公司董事会经讨论后决定，对该公司的员工薪酬制度进行一次全面调整。

由于一线员工实行的是技术等级工资制，即通过计时工资加上奖金（按月支付）的计酬方式，管理者采用职务等级工资制，按照职务的高低支付岗位工资。当然，每个季度按照对各个部门的绩效考评结果，支付一定数额的季度奖，其奖金水平不得超过一线员工奖金水平的 30%。

我们团队进入该公司后，以“与同类企业相比，自己对薪酬水平的满意度”“我的薪酬反映我的工作特点”“我的薪酬反映我的工作业绩”“我的薪酬反映我的工作能力”为调查提纲进行访问发现，该公司一线员工、中级管理人员、高级管理人员对薪酬的满意度普遍较低。

经过分析发现，该公司的薪酬制度存在以下几个问题：

（1）与其他公司相比，该公司一线员工、中级管理人员、高级管理人员一致认为，他们的薪酬水平低于市场平均水平。

（2）对于一线员工来说，该公司由于自身的管理基础较为薄弱，技术等级工资制加上奖金的薪酬制度，仅仅能体现员工的技能和绩效的不同，不能体现出各种岗位的贡献差别。

（3）对于中级管理人员来说，该公司采用职务等级工资制和力度不大的季度奖金制，导致中级管理人员的实际贡献无法体现在薪酬制度上。

（4）对于高级管理人员来说，除了对“我的薪酬反映了我的工作特点”外，高级管理人员对其他方面都较为不满意。这就意味着该公司现行的薪酬制度不能最大限度地调动其工作积极性。

因此，我们团队提出以下建议：

（1）通过调研，掌握同行业、同类岗位中三类人员的薪酬水平，然后再根据外部的薪酬情况，对该公司的薪酬水平进行有针对性的调整，制定一个接近或达到市场同类企业薪酬水平的薪酬体系。

（2）强化人力资源管理的基础工作，对该公司的各类工作岗位进行系统分析和评价，为制定一个科学、合理的薪酬制度提供有价值的依据。

（3）完善该公司各类人员的绩效考评制度体系，确保薪酬管理体系公平、公正。

（4）由于该公司是一家制造加工型企业，在提高生产效率的同时，还必须保证产品的良品率。一线员工适合以岗位工资和技能工资为基础，加上其他奖励的组合型薪酬制度。

（5）在进行岗位分析评价和完善绩效考评制度基础上，调整中级管理人员现行职能工资制度，实行一个较为宽泛的薪酬管理结构，有效地体现中级管理人员的工作特点。

（6）对公司的高层管理人员来说，建议实行年薪制或股票期权、股票增值权、虚拟股票等长期激励的薪酬制度。

第二，对公平重视程度不够。在薪酬管理中，公平原则是其最重要和最基本的原则，但是由于部分企业管理者对薪酬管理的公平性重视不够，导致员工流失率偏高，员工工作积极性和满意度偏低。

第三，不依据绩效和能力调薪。有些企业管理者盲目调薪，从不依据绩效和能力调薪。

第四，薪酬支付不及时。薪酬支付是薪酬管理的一个重要环节，一些企业故意拖欠或者不及时支付薪酬，导致员工产生不满情绪。

第五，不与员工分享利润。与员工分享利润是留住员工的一个重要手段，因为企业的盈利离不开员工的贡献。

建立科学合理的岗位等级制度

在企业管理中，建立科学的薪酬管理体系，是提高员工工作积极性的一个较为有效的激励手段。因此，在薪酬设计时，管理者必须遵循“公平与公正”的原则，特别要注重对内公平，即在本企业中，不同部门之间或者同一个部门不同员工之间，其薪酬水平是岗位责任和能力大小的反映，从而做到合理的薪酬差别。

一旦企业内部薪酬设计得不合理，就会造成不同部门之间或者相同部门不同员工之间权力与责任的不对称，造成一部分员工心理失衡。因此，作为管理者，必须加强企业薪酬的对内公平，这样才能更好地提高员工的工作积极性。

当然，这就要求管理者合理地确定企业内部不同岗位的相对价值，认真地做好企业内部的岗位评价工作。具体的做法是，管理者针对岗位本身，即对岗位的价值进行量化评估——岗位的复杂性、责任大小、控制范围、所需知识和能力。因此，管理者只有站在经营管理的高度，系统性地认识薪酬体系的定位、管理对象、实施手段，才能全面把握薪酬管理体系在激励管理中的作用。①其步骤有以下五步。

1. 建立科学合理的岗位等级制度

在激励管理中，科学合理的岗位等级制度不仅能对员工起到很好的激励作用，还可以明确岗位责任。在金字塔晋升中，岗位等级意味着员工存在晋升的概率，一旦员工努力工作，就可能获得好的发展机会。

2. 在做好岗位等级制度的同时，强化薪酬激励的差异性

做好岗位等级制度有利于提高员工的工作积极性，所以管理者需要更多地通过薪酬管理体系增强对员工的激励作用，比如做好固定薪酬和浮动薪酬的比例调配工作。众所周知，固定薪酬主要起保健作用，而浮动薪酬主要起激励作用。②如果以薪酬的稳定性，即不变性为横坐标，以薪酬的差异性，即薪酬在不同员工之间的差异程度为纵坐标，可以将薪酬的构成分为基本工资、绩效工资、加班工资和保险福利四类，如图 1–2 所示。

---

① 丁爱蓉．浅析神华宁煤集团现行薪酬管理体系 [J]. 商品与质量·学术观察，2014（12）：73.

② 杨建平，刘群群，等．浅析浮动薪酬激励设计 [J]. 上海管理科学，2016（05）：110–113.

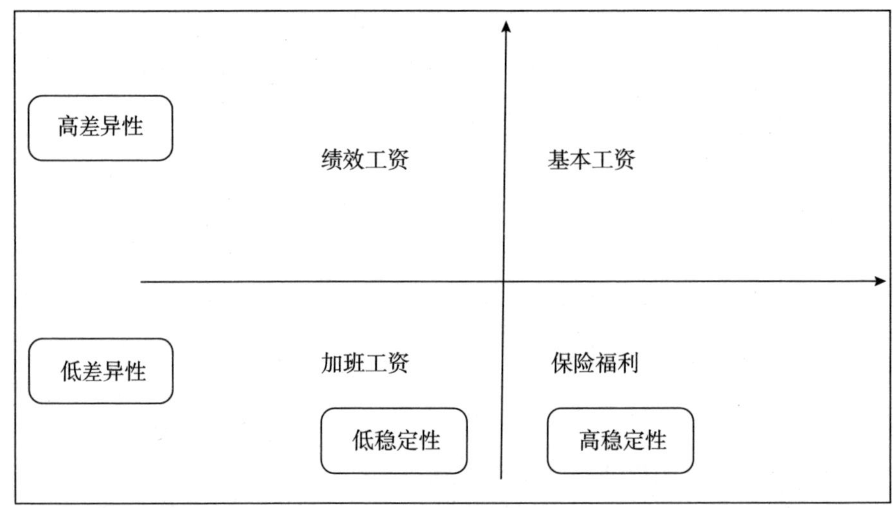

图 1–2　薪酬构成四象限图

从图 1–2 来看，第二象限的绩效工资激励作用最强，第四象限的激励作用最弱，甚至为零。如果一个员工的工作态度不端正、懒散，在激励员工时，我们就可以采用高弹性的薪酬模式，即加大第二象限（浮动工资 / 奖金 / 佣金）的构成比例。

3. 合理进行薪酬调整

在日常的管理中，合理地调整薪酬有利于保持员工旺盛的工作积极性。如果长时间不进行薪酬调整，员工的士气自然会受到影响。

当然，薪酬调整需要依据企业自身的发展情况进行科学的确定，如经营效益、市场薪酬行情等。因此，管理者在设计薪酬体系时应当遵循九项原则。

（1）内部公平性。薪酬体系应按照骨干员工的工作能力、工作性质进行设计，同时还要考虑到薪酬体系的内部公平性。

（2）外部竞争性。设计薪酬体系时必须考虑薪酬体系的外部竞争性，以此来保持企业在行业中薪资福利的竞争性，从而吸引优秀的人才加入。

（3）绩效相关性。设计薪酬体系时必须考虑企业、团队和个人的绩效完成状况，将绩效考评结果作为薪酬体系的依据，保证员工的公平性。

（4）激励性。设计薪酬体系时必须以增强薪酬的激励性为导向，通过动态工资和奖金等激励性工资单元的设计激发员工的工作积极性。

（5）可承受性。管理者确定的薪资水平必须与企业的经济效益和承受能力保持一致。

（6）合法性。薪酬体系的设计必须在国家和地区相关劳动法律法规允许的范围内进行。

（7）可操作性。薪酬体系尽可能地浅显易懂，使每个员工都能理解薪酬体系设计的初衷，激发工作热情，达到更好的工作效果。

（8）灵活性。设计薪酬体系时必须考虑企业发展的不同阶段，与时俱进地调整薪酬体系，适应环境的变化和企业发展的需求。

（9）适应性。设计薪酬体系时必须考虑企业自身的业务特点、性质、所处区域、行业等诸多因素，尽可能满足这些因素的要求。

4. 确定企业薪酬定位

作为管理者，在设计薪酬体系时，必须确定企业薪酬定位。由于薪酬定位是企业薪酬管理的基础和根本，管理者只有对薪酬定位清晰了，才能更有针对性地做好薪酬管理。

5. 明确薪酬分配原则

作为管理者，在设计薪酬分配时不能过于盲目，否则容易导致不合理和不公平的情况发生。因此，管理者需要考虑薪酬与岗位、工作业绩、能力等因素的关系，然后进行合理的挂钩。很多管理者由于无法做到这一点，导致员工的工作积极性受到严重的影响。

合理使用多种激励手段留住员工

随着员工越来越个性化，仅仅凭借优厚的薪水已不能留住员工，只有与其他如培训、福利、住房补助、员工持股计划等激励手段结合方能取得更好的效果。

事实上，管理者为员工提供一个学习和职业成长的工作环境，提供升迁和发展的平台，可以为成功留住员工打下坚实的基础。

对很多传统企业的管理者来说，他们必须转变培训员工的观念，重新认识员工培训的重要性，同时还必须清楚地认识到，当前的经营状况良好，并不意味着未来经营就将更好。企业一旦缺乏对员工的培训，可能导致经营难以达成目标，甚至失败。

使用科学完善的培训体系吸引和留住员工

在人力资源管理中，管理者需要根据自身的实际情况，为不同的员工提供差异化的培训内容。许多跨国企业之所以能够吸引和留住众多的员工，除了高薪和良好的工作环境之外，较为先进和完善的员工培训体系也是其中一个非常关键的因素。在这里，我们以西门子公司为例进行剖析。

1847 年 10 月 1 日，维尔纳·冯·西门子在其发明的指针式电报机的基础上创建了西门子公司，距今已经超过 170 年。财报显示，西门子公司 2020 财年第一季度新订单金额为 248 亿欧元，相比 2019 年同期的强劲表现下降 2%，其原因是交通业务大额订单的大幅下降抵消了大多数实体业务的增长，其中增长最显著的是西门子歌美飒可再生能源公司，营收同比增长 1%，达到 203 亿欧元。

时任西门子公司总裁兼 CEO 的乔·凯飒（Joe Kaeser）介绍说："在 2019 财年的强劲收官之后，2020 财年第一季度的业务进展较为缓慢，对此我们已有预期。能源业务表现低迷，这让我们更加明确了战略重点。”

西门子公司能够取得如此辉煌的业绩，离不开其创造的独具特色的、涵盖整个流程的培训体系。这个体系主要分为两大部分：第一，西门子公司的员工培训计划是从新员工培训、大学精英培训到员工再培训的全流程培训；第二，培训包括业务技能、交流能力和管理能力的培训等。

上述两个部分的培训为大量的生产、技术和管理员工储备，员工知识、技能、管理能力的不断提升提供了保证。

（1）新员工培训

新员工培训，又称第一职业培训。在德国，15 ~ 20 岁的年轻人中学毕业后，有的暂时不打算进入大学学习。在德国，中学毕业生中有 60% ~ 70% 接受第一职业培训，20% ~ 30% 选择上大学。

一旦想要参加工作，必须先在企业接受三年左右的第一职业培训。在第一职业培训期间，新员工要接受双轨制教育，即在一周五天的工作时间内，其中三天在企业接受工作技能培训，另外两天在职业学校学习相关知识。

第一职业培训不仅可以让新员工在工厂学到基本的熟练技巧和技术，而且可以在职业学校受到相关基础知识教育。

通过接近实战的作业，新员工的职业能力及操作能力都会得到大幅提高。由于企业内部的培训设施基本上使用的是技术最先进的培训设施，有效地保证了第一职业培训的高水平。

事实证明，由于第一职业培训理论与实践相结合，第一职业教育证书在德国经济界享有非常高的声誉，同时也为年轻人顺利地进入企业工作开了绿灯，深受年轻人的欢迎。

1992 年，西门子公司拨专款设立了专门用于培训工人的学徒基金。如今西门子公司在全世界拥有 60 多个培训场所，总部慕尼黑设有维尔纳 · 冯 · 西门子学院，在爱尔兰设有技术助理学院，它们都配备了最先进的设备，每年培训经费近 8 亿马克。目前共有上万名学徒在西门子公司接受第一职业培训，大约占员工总数的 5%，他们学习工商业知识和技术，毕业后可以直接到生产一线工作。正因为如此，对新员工的第一职业培训，不仅保证了新员工一进入西门子公司就具有很高的技术水平和职业素养，同时还为西门子公司的长期发展奠定了坚实的基础。

（2）大学精英培训

在西门子公司的培训体系中，每年都在全球接收上万名大学生，也设置了专门的培训项目。进入西门子公司的大学毕业生，首先需要接受综合考核，考核内容既包括专业知识，也包括工作能力和团队精神。根据考核结果，西门子公司给员工安排合适的工作岗位。

此外，西门子公司还从大学生中选出 30 名尖子生进行专门培训，培养他们的领导能力，一般的培训周期为 10 个月，主要分三个阶段进行。

第一阶段，让 30 名尖子生全面熟悉西门子公司的情况，学会从互联网上获取信息。

第二阶段，让 30 名尖子生进入一些商务领域工作，全面熟悉西门子公司的产品，并加强培养他们的团队精神。

第三阶段，将 30 名尖子生安排到下属企业（包括境外企业）承担具体工作，在工作中获取实践经验和知识技能。

（3）西门子公司员工的在职培训

在西门子公司，人才培训的第三个部分就是员工的在职培训。西门子公司员工的在职培训主要分为两种：一是西门子员工管理教程；二是在职培训员工再培训计划。其中管理教程培训尤为独特和成效卓著。

在西门子员工管理教程中，又分为五个级别，各级别的培训又分别以前一级别的培训为基础。员工培训从第五级别到第一级别，所获得的技能依次提高，其具体培训的内容如表 1–1 所示。①

① 李淑娟 . 中国企业培训的国际差距——西门子企业培训剖析 [J]. 继续教育，2007（05）：56–58.

表 1–1　　西门子五级别培训内容

级别	培训对象	培训目的	培训内容	培训日程
第五级别：管理理论教程	具有管理潜能的员工	提高参与者的自我管理能力和团队建设能力	西门子企业文化、自我管理能力、个人发展计划、项目管理、了解及满足客户需求的团队协调技能	与工作同步的一年培训，两次为期三天的研讨会和一次为期三天的公开讨论会
第四级别：基础管理教程	具有较高潜力的初级管理人员	让参与者准备好进行初级管理工作	综合项目完成、质量及生产效率管理、财务管理、流程管理、组织建设及团队行为、有效的交流和网络化	与工作同步的一年培训，两次为期五天的研讨会和一次为期两天的公开讨论会
第三级别：高级管理教程	负责核心流程或多项职能的管理人员	开发参与者的企业家潜能	公司管理方法、业务拓展及市场发展策略、技术革新管理、西门子全球机构、多元文化间的交流、改革管理、企业家行为及责任感	与工作同步的一年半培训，两次为期五天的研讨会
第二级别：总体管理教程	必须具备下列条件之一：（1）管理业务或项目并对其业绩全权负责者；（2）负责全球性、地区性的服务者；（3）至少负责两个职能部门者；（4）在某些产品或服务方面是全球性、地区性业务的管理人员	塑造领导能力	企业价值、前景与公司业绩之间的相互关系、高级战略管理技术、知识管理、识别全球趋势、调整公司业务、管理全球性合作	与工作同步的两年培训，两次为期六天的研讨会
第一级别：西门子执行教程	已经或者有可能担任重要职位的管理人员	提高领导能力	根据参与者的情况特别安排	根据需要灵活安排

西门子公司的培训给管理者的启示是，对员工的培训可以使员工感到自己被管理者所重视，不仅增强了员工自身的忠诚度和责任感，而且大大地降低了人力资源的投资成本。因此，无论从降低人力资源投资成本的角度分析，还是从完成企业配套员工的角度分析，管理者都必须把重点放在员工的内部培养和培训上。

培训比薪资更重要

前程无忧薪酬调查部曾经对老员工激励问题进行过一次专项调查，数据来自个人和企业人力资源部两方面，共回收 1866 份个人问卷以及 388 份企业问卷。其中，外商独资企业占到 39%，民营企业占到 41%，（见图 1–3）。

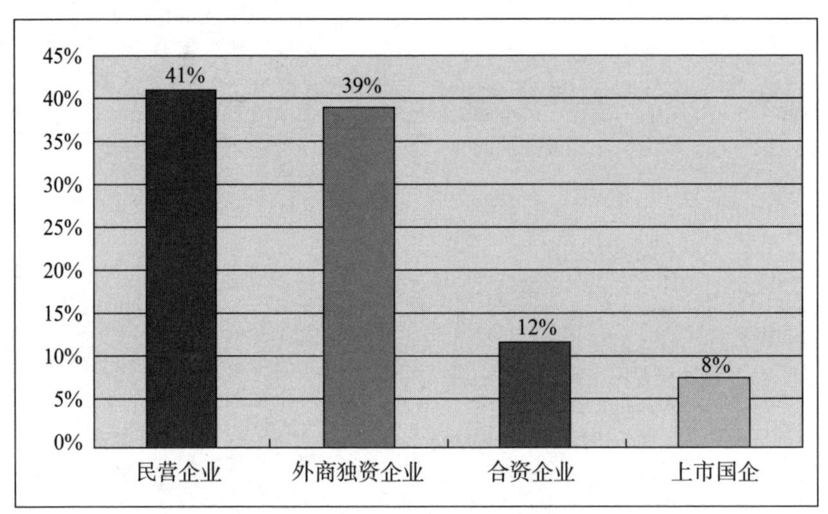

图 1–3　老员工激励问题调查企业类型占比

在个人反馈方面，民营企业达到 43%，外商独资企业达到 25%，（见图 1–4）。

同时，前程无忧薪酬调查部还对职业发展的重要性进行了相应调查。在如图 1–5 所示的“老员工最想从工作中得到什么”的问卷反馈中，前程无忧薪酬调查部得到的调查结果却令人大吃一惊，竟然有超过一半的老员工最想从工作中得到“更好的职业发展”。作为人力资源管理者，选择“更好的职业发展”的比例只占到 40%。

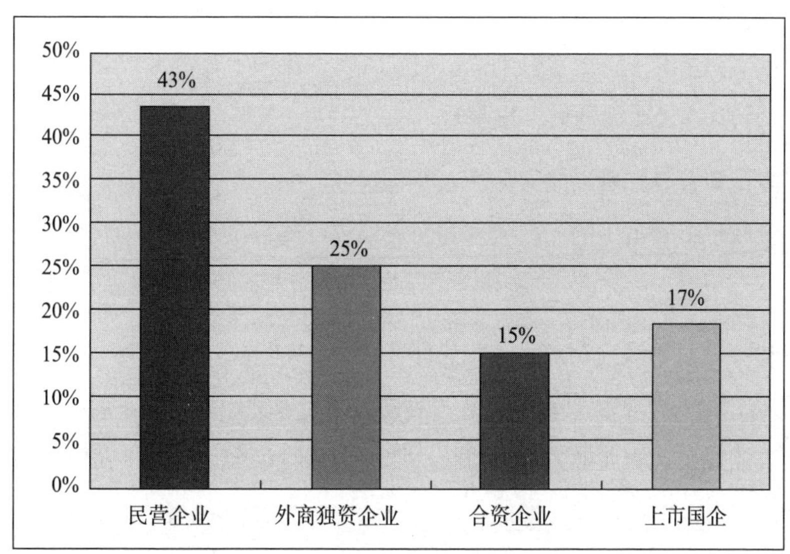

图 1–4　老员工激励调查来自个人的样本

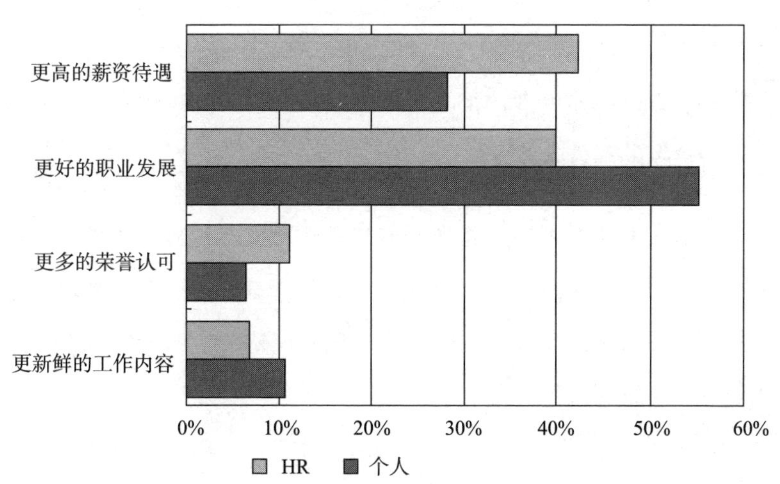

图 1–5　“老员工最想从工作中得到什么”的问卷反馈

在“更高的薪资待遇”一项中，人力资源反馈的数据占比最高，为42%，而员工个人仅为28%。这组数据足以说明，尽管薪酬是留住人才非常重要的一个因素，但不是决定因素。在企业中，多数员工认为，培训比薪资更重要。

在微信朋友圈中，经常看到微信朋友转发一些关于日本百年老店的信息，其中就有谈到日本企业激励员工的案例。

许多日本企业之所以能够打造成百年企业，一个关键的原因就是日本商家非常重视家族子弟及员工的品行教育和商才训练，甚至日本政府还颁布了相关的法律条文。

1958年，日本政府制定了《职业训练法》。1969年、1978年、1985年又分别进行了三次修订。《职业训练法》分为总则、职业训练计划、职业训练、职业训练法人、技能检定、职业能力开发协会、职业训练审议会、杂则、罚则和附则，共108条。

1985年，经修订改名《职业能力开发促进法》。据了解，以法律形式颁布的目的就是：振兴、普及职业训练；开展技术考核；提高劳动者职业能力，促进其职业稳定；发展社会经济。①

查阅资料发现，日本企业内部教育培训始于明治天皇时代，其历史渊源可上溯至江户时代商家的奉公人教育。

当下日本的大多数巨型企业已经放弃从学徒开始培训的培养模式，但是依然会沿袭日本旧时的“奉公意识”，对新员工、基层管理人员、中层管理人员、高级管理人员进行相关的技能和经营培训，以此提升企业的竞争能力和研发能力。

（1）新员工的教育培训

日本很多企业的新员工一入职，企业就会按照岗位职责的要求为新员工制订

① 顾明远.教育大辞典（增订合编本）[M].上海：上海教育出版社，1998.

一套完善的涵盖企业精神、道德教育、管理知识、专业知识、工作技能等岗位培训计划，主要体现在以下几点：

第一，企业精神和道德教育的培训。新员工就职某家企业后，企业必须强化企业精神和道德教育的相关培训。据了解，企业之所以培训新员工此项内容，是因为这项内容可以培养对所在企业绝对忠诚的员工，增强团队的凝聚力，有利于促进企业的持续稳定和永续发展。

第二，管理知识教育的培训。当新员工接受了企业精神和道德教育的培训之后，企业就会让新员工接受管理知识教育的培训。

一般来讲，日本企业对新员工的管理知识教育的培训，除了让新员工清楚企业的人事制度、工资制度、劳动组织、管理体系以外，还注重向新员工灌输战略意识、现场意识、自主管理意识、尊重人性意识。

第三，专业知识和工作技能的培训。当新员工接受了管理知识教育的培训后，企业就会让新员工接受专业知识和工作技能的培训。根据不同工种，新员工接受不同教育内容的培训。

例如，日本新日铁公司对负责电器维修的新员工就做出相关规定，新员工需要接受专业知识和工作技能的培训计划，为期9个月，共计643课时。课程有“通用知识”“专业知识”“基础实习”“应用实习”等。除了通过课堂教育形式讲授专业知识和工作技能外，还进行操作技能的训练。

当接受培训 180 天后，新员工才被日本新日铁公司聘用为正式员工。但是，员工的培训并未就此停下来，即使在培训中心的基础训练合格后，到了工作现场，公司还会安排一名师傅通过“一对一”的指导员制度继续培训一年，使其达到熟练掌握的程度。“指导员手册”中详细地明确了指导员指导新员工的办法及考评情况，由此，新老员工之间就发展成了“前后辈”关系。随后，公司还会根据需要对员工的其他技能进行拓展培训，最终发展成“多能工”。

（2）基层管理人员的教育培训

日本企业中的基层管理人员，通常由班组长、工长、技师、工段长等组成。

其起到的作用非常大，主要有两方面：一是作为联系上下级的纽带；二是保证企业生产经营的正常运转。

日本企业非常重视企业基层管理人员的选拔和培养。在选拔中，提拔班组长必须从现场作业的工人中提拔，同时对其进行基本管理方法的教育和培训，以及管理下属的能力。培训内容主要有如下几个：一是工作指导方法；二是工作改进方法；三是工作中的人际关系。

（3）中层管理人员的教育培训

日本企业中的绝大多数中层管理人员都是从基层做起，经过一步一步的提升达到管理岗位的。

日本企业的中层管理人员由课长、部长等组成，其主要有两个作用：一是企业管理的中坚力量；二是承上启下的支柱作用。

（4）高层管理人员的教育培训

日本企业高层管理人员主要由董事会成员、总经理、副总经理等组成。据了解，在担任企业高级管理人员中，绝大部分都是大学毕业，拥有较高的学历，又是从一线员工逐级提拔的，拥有足够的经营管理知识和丰富的实践管理经验。

因此，企业对高层管理人员的培训重心在于，提升管理者的危机处理、产品和市场开拓创新等能力。

从日本企业系统的培训来看，完善的激励体系比单纯的薪酬激励更加有效。因此，当人力资源管理者知道了老员工留在企业的原因以及他们想要什么时，就可以对症下药，采取相应的激励措施就可以了。

鉴于此，企业管理者必须通过培训提升员工的整体素质，进而提高企业的整体素质。首先，科学完善的培训不仅能够吸引和留住员工，满足员工的发展需要，还要激发员工的生产积极性，进而产生良好、持久的影响。其次，为了培养员工，人力资源部门需要建立一套完整的员工培训计划，既有全员性的培训，又要根据不同层级的员工及其具体的工作性质，制定不同的培训目标和深度。具体包括：

1. 知识培训。通过培训，使得员工具备完成其工作所必需的基本知识，了解企业的经营发展战略、目标、方针、规章制度，并对知识及时进行更新，增强对企业的认同感。

2. 技能培训。通过技能培训，使员工掌握完成其工作所必备的技能。例如谈判技能、操作技能、处理人际关系的技能等，以此培养、挖掘员工的潜能。

3. 工作态度培训。员工的工作态度对员工的士气以及公司的绩效影响很大。因此，企业管理者必须通过对员工的培训，建立起企业与员工之间的相互信任关系，提升员工对企业的忠诚度。所以，在培训的过程中，其具体的培训项目可以设计为时事政策、追求卓越心态、安全与事故防范、企业文化、团队精神、人际关系技能、全员质量控制、时间管理、客户关系、个人电脑实务，等等。

第2章

任何激励方法都需因人而异

在某次论坛上，曾有一位企业家扬言："即使通用电气公司前 CEO 杰克・韦尔奇来担任我公司的董事长，也不可能解决我在员工激励方面遇到的问题。"

后来我们了解到，该企业家之前制定过一套激励制度，但是却不分新老员工，毫无差序、一视同仁地使用，导致了全体员工的不满，使得激励制度形同虚设。

之所以产生这样的问题，主要是传统的农耕经济思想依然影响着员工的处事行为和自我认知。

成功企业的激励制度解决不了初创企业的员工激励问题

在给某集团公司做内训时，该公司老板正拿着我撰写的《日本百年企业的长赢基因》一书，非常激动地说："周老师，我可在您这本书中找到答案了。以前我总是迷信世界 500 强的激励制度，甚至是如获至宝。您从另外一个角度解决了中国当下的管理症结问题。"

值得欣慰的是，该老板已经明白激励制度的唯一性，因为每家企业的情况不尽相同，不能照搬照抄其他公司成功的激励制度。

世界 500 强企业的激励制度不适合中小企业

参考和借鉴世界 500 强企业的激励制度，是管理者完善我国企业管理的重要方法，也是激发员工工作积极性和岗位效率的有效管理手段。但是，由于激励管理本身具有某些特殊性，管理者必须根据实际情况制定企业的激励制度。一旦完全照搬照抄世界 500 强企业的激励制度，可能会造成水土不服。

不同企业的性质、规模、发展阶段、实力等千差万别，不同的激励措施所适用的企业类型也不尽相同。[①]这就提醒管理者在制定激励制度的过程中切忌不假思索、盲目照搬照抄其他公司，特别是世界500强企业的激励制度，以免造成“画虎不成反类犬”的局面，可能给企业带来不良的后果。[②]接下来，我分享一个真实的激励案例。

W公司是B市一家规模不是很大的从事化工生产的公司，员工有165人。

经过十多年的打拼，W公司在B市具有一定的知名度，并在B市市场上占有不少的市场份额。

为了占据更多的市场份额，继续保持持续的发展，W公司总经理李伟生就把某世界500强企业所实施的目标管理激励法照搬进了W公司，以此对所有员工进行目标管理。

在李伟生看来，既然是世界500强企业采用的激励制度，那么一定是好制度，照搬照抄就像走了一条捷径，既可以实现销售额翻番的目标，还可以促进W公司的高速发展。

随后，W公司根据前一年的销售额，制定了第二年销售额目标，即前一年的两倍。

动员大会后，李伟生将这一销售额从销售总监到一线销售员的顺序进行自上而下的分摊，同时还取消了W公司原来执行的销售比例提成制度。

李伟生宣布，从即日起，未完成销售目标任务的销售员只能拿到较低的提成，超额完成目标任务的销售员则可以拿到巨额的提成和奖金。

从理论上来讲，W公司实施的是目标管理。

第一，可以继续快速增长。

第二，优秀销售员在超额完成销售目标任务后可以拿到巨额的提成和奖金，工作积极性和岗位效率将大幅提高。

---

① 刘爱杰．企业人力资源管理中的激励机制 [J]. 理财（财经版），2018（01）：70–74.

② 汪安佑，柴铎．信息不完全和信息不对称导致的企业激励机制失效 [J]. 经济问题探索，2008（04）：20.

第三，不能完成销售任务的员工只能拿到较低的提成，降低了人力资源成本，看起来是一件双赢的事情。

然而，当销售员仔细分析后发现，W 公司经过多年高速发展之后，市场占有率已经很高，不可能像以前那样有大幅的提升空间，再加上竞争者加大了降价和促销的销售力度，加剧了 W 公司产品优势的丧失，特别是随着 W 公司市场占有率的扩大、销售员人数的激增，导致每个销售员所拥有的潜在市场变小，并且 W 公司在资金实力、内部管理、配套服务方面跟不上快速发展的需要，几乎无人有信心完成两倍于前一年的销售额。

一年后进行核算，W 公司没有一个销售员能够拿到高额提成；相反，销售员的工资和奖金比以前大幅度减少，优秀销售员流失殆尽。

两年后，该公司已濒于倒闭。

在上述案例中，总经理李伟生的出发点本来是好的，但是由于没有根据 W 公司的实际情况，盲目地照搬照抄了世界 500 强企业的目标管理法，从而导致了不良的后果。

在我国，诸多管理者，特别是中小企业管理者在制定激励制度时，崇洋媚外，迷信外国企业的管理制度。殊不知，管理者这样做，其实是阻碍了企业激励规划的发展。因此，激励员工必须尊重我国的传统文化以及员工自身的特殊性，制定符合我国国情的激励制度。

根据行动科学理论，员工绩效函数为：

员工绩效 = 工作能力 × 激励程度 × 工作环境

从这个公式可以看出，在企业管理中，任何一个员工的工作绩效与其被激励程度有着很大的关系，也有人认为，工作绩效等于能力乘以激励程度。

鉴于此，员工做出贡献的大小，既取决于员工自身的工作能力、学历、工作经验、解决问题的能力水平和工作环境，还取决于管理者对员工所采取的激励机制。

激励制度应视具体情况来制定

既然不能照搬世界 500 强企业的激励制度，那么作为管理者，如何才能制定科学、合理的激励制度呢？

方法就是管理者必须清楚企业及其员工自身的情况，了解公司员工的种种需求，并针对企业的规模来制定与之匹配的激励制度。

根据马斯洛需求层次理论，人的需求按较低层次到较高层次，可分为生理需求、安全需求、社交需求、尊重需求和自我实现需求五类，如图 2–1 所示。

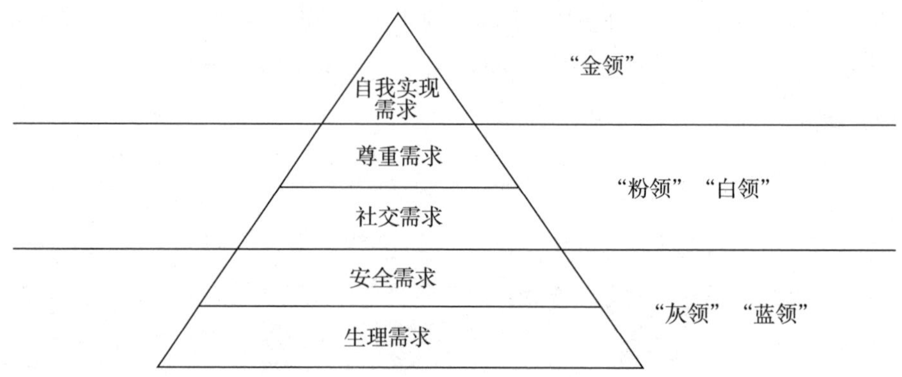

图 2–1　马斯洛需求层次理论模型

根据马斯洛需求层次理论，按照职业生涯中核心员工的不同层次和需要，我们可以把员工划分为"灰领""蓝领""粉领""白领""金领"。

"灰领""蓝领"通常作为企业最底层的一线员工，主要满足其生理和安全需求，即马斯洛需求层次理论金字塔的第一、二层。虽然"灰领""蓝领"也有社交、尊重、自我价值实现的需求，但不是最为迫切的。

与“灰领”“蓝领”不同，“粉领”和“白领”的生理和安全需求基本保障已经得到解决，主要的需求则是社交和尊重需求。在激励“粉领”和“白领”员工时，更高层次的满足才能激发“粉领”和“白领”的工作积极性。

对于企业的高层——“金领”员工来说，薪酬激励的作用已经很弱，自我价值的实现才是其最渴望的。

按照马斯洛需求层次理论，管理者需了解不同层次的员工的需求，以及每一层级员工在企业中所起到的作用。

对于“白领”和“金领”，管理者在激励时，需要给予其足够的尊重，满足其自我价值实现，要给予他们充分的自我施展才华的空间，并为他们提供一个乐于追求的企业愿景。

根据不同类型员工需求进行针对性激励

很多时候，由于管理者没有对员工需求进行过一次较为完整的分析，仅是一厢情愿地采取“一刀切”的方式对所有员工采用同样的手段来激励，因此结果不仅没有达到预期的激励效果，反而适得其反。

事后，很多管理者还在纳闷自己到底错在哪里。根据马斯洛需求层次理论，由于员工所处的层级不同，员工的需求也就自然不同。如果管理者采用相同的激励政策，起到的激励效果自然也就不尽相同，甚至是千差万别。因此，管理者在制定和实施激励政策时，首先要通过对不同类型员工需求进行有效分析，将他们的需求整理、归类，然后来制定相应的激励政策，并有针对性地进行激励。[①]

① 韩东 . 建立企业人力资本的激励机制浅析 [J]. 北方经贸，2010（02）：116–117.

平均主义的激励措施往往适得其反

在激励员工的过程中，管理者一定要注意公平原则，根据员工自身的实际需求，让每个员工都受到公平对待。当然，管理者也不能按照平均主义的激励措施，否则会产生负面效应。

2011 年 6 月，受 R 研发中心的邀请，我给该中心主讲《丰田式成本管理》。

在课后，新上任的研发部经理李凯向我抱怨说："周老师，听了您对成本的讲解，我十分困惑。在 R 研发中心，所有员工被简单地'一视同仁'，对科研人员和行政人员都采用同样的激励手段——奖金加上表扬。"

据了解，正是 R 研发中心的激励问题，导致科研人员得不到实质的尊重和应有的地位，极大地打击了科研人员的积极性。

其中，打击最大的就是潜心钻研的技术研发人员张力浩。经过几年的技术研发，张力浩研发出一项科技成果，并申报了国家专利。

为了鼓励科研人员的创新热情，R 研发中心的管理者仍按惯例对张力浩进行奖金加表扬。

张力浩曾多次向研发部原经理林格力荐该专利，他深信，该专利有着很好的市场前景，并能带来丰厚的利润。但不管如何沟通，张力浩每次都无功而返，林格根本就没有把这项成果的市场推广放在心上。

几经交涉，最终张力浩让林格写授权转让书，即该项专利没有市场前景，产权归张力浩个人所有。

不久后，张力浩辞职离开了 R 研发中心，与一家跨国公司合作生产该产品，在投入市场后，该产品大卖。

经过几年的发展，张力浩并购了 R 研发中心，重新制定了一套激励机制，使 R 研发中心的研发能力达到了国际水平。

很多管理者在经营过程中存在思想僵化的现象，没有根据员工的实际需求进行激励，结果导致核心人才流失。

就像上述案例中的张力浩，他追求的并不只是奖金和表扬，而是事业的成就感和满足感。这就是有的企业在建立了激励制度后，不但没有达到预期的激励效果，员工的工作积极性和岗位效率反而都下降的原因。

造成这种结果的关键因素是，管理者在激励员工时没有根据科学系统的评估标准，只是在实施过程中采用了"平均主义"的激励手段。例如，有些企业评优时就采用了"轮庄法""抓阄法"等，如此激励严重打击了那些为企业做出巨大贡献的员工的工作积极性和主动性。

激励员工必须因人而异

对于激励而言，不论是美国心理学家约翰·斯塔西·亚当斯（John Stacey Adams）、期望理论的奠基人维克托·弗鲁姆（Victor Vroom），还是新行为主义学习理论的创始人伯尔赫斯·弗雷德里克·斯金纳（Burrhus Frederic Skinner），以及现代管理之父彼得·德鲁克，都在强调激励必须因人而异，因为每一个员工都有自己独特的价值观念与奋斗目标。

在这里，我们来看看华为是如何激励人才的。

在我国企业中，华为作为一家研发实力较强的企业，无疑有大量的技术专家岗位的需求。截至 2020 年底，华为全球员工总数约 19.4 万人。

一般来说，技术专家岗位的专业能力相比管理岗位的通用能力，更需要长期的积累。基于此，填补技术专家岗位空缺的难度相对大很多。为了解决这个难题，华为在寻找、确定和持续追踪可能胜任企业关键岗位的梯队人才方面可谓花费不少心思。

在华为公司，业务主管作为专家继任者规划责任人，可以自主确定项目思路并做出决策，只需要向上级汇报项目进程和结果即可。作为人力资源部门，通常需要负责流程支持，并提供专业方法。从这个角度来看，华为研发的一个显著特征就是拥有自己独立的技术“干部部”（即人力资源部）。

为了招聘更加合适的技术人才，华为公司通常从各业务部抽调干部担任华为研发“干部部”的管理者，专门研究体系下人员的配比、招聘方式、培养方式等，以及华为研发部的薪酬体系、任职资格等研发工程师敏感的问题。①

技术“干部部”不仅负责华为研发的企业文化建设的组织和宣传，还经常组织各种技术类、管理类、企业文化类的培训，为华为管理队伍提供后备力量。

通常，在诸多研发型企业中，人力资源部几乎都隶属于行政岗位，由专门的行政人员担任。在华为研发部，曾一度被认为，其研发人员的招聘和管理，非技术人员是无法起到较好的作用的，没有担任过研发部经理、没有管理过研发的人，通常是无法胜任“干部部”职责的。

华为研发部为确保“干部部”岗位工作的有效性，曾经还规定过研发领导但凡没有在“干部部”任过职，没有系统地管理过人力资源，是不能再升职的。正因为如此，华为研发部非常重视自身人力资源管理队伍的建设和管理，使得华为对研发人员、研发干部的管理措施的成效较为显著。比如，华为对研发人员的工作评价、绩效导向等管理措施，得到了研发人员的一致认可。

在研发部，还拥有一支强大的宣传队伍，就是“干部部”领导下的秘书处。在很多企业中，秘书往往都是做做杂事、跑跑腿，但在华为研发部，秘书的职责就要复杂得多，不仅是“工宣队”，还要把技术管理和企业文化建设的“神经末梢”打通。

---

① 张利华 . 华为研发 [M]. 北京：机械工业出版社，2017.

与其他企业不同的是，华为研发部秘书的招聘通常是按照女工程师的标准招聘的。其基本条件是，要有名牌大学理工科本科以上的学历，同时还要有对技术极高的领悟力。经过长期的训练后，秘书要能看懂技术文档和技术文件。

在华为公司，研发部还会组织各部门开展学习和研讨活动，每位工程师通常都要写关于企业文化方面的心得或反思文章。不仅如此，研发部还会将优秀的文章上报到华为内部报刊《管理优化报》上发表，同时还会会同《华为人》编辑部将优秀文章印刷成书，形成各种讨论文集，其后再发放给研发人员作为学习资料。

在早期，研发部每两周都会有一次类似的“学习”活动，主要针对一些重大的研发流程和制度，同时还成立专项工作组。该专项工作组的一个重要职责就是宣传和推广本工作组的结果和输出，让华为的工程师都了解。除了柔性的宣传外，还常常配合奖罚措施，比如“创新奖”“学习奖”“培训奖”等。

在华为技术专家的梯队建设思路中，其核心逻辑是“业务战略—人才需求—岗位要求—人才梯队”（简称“四点一线”）。在其中，业务需求的专业人才澄清、专家岗位梳理与岗位要求，则是华为专家梯队人才识别的基础，其行为直接决定华为专家梯队盘点的整体质量。

（1）业务战略

业务战略是技术专家继任规划开展的前提。在华为公司，每年都会对业务战略进行更新。根据每年最新的业务战略需求，构建和调整人才梯队。为此，华为公司的罗锋撰文称：“梯队盘点要基于业务战略，但业务战略不是梯队盘点报告的主要内容。”

（2）人才需求

华为公司在每年更新业务战略的同时，也会根据业务战略梳理未来两三年年的人才需求进行人才规划，以满足业务需求。

（3）岗位要求

华为公司结合自身的业务与人才需求，及时调整技术专家岗位的设置。例如，增加投入期与成长期业务的岗位数量，以及减少成熟期和衰退期业务的岗位数量。针对新增加的技术专家岗位，华为公司既会根据未来两三年的人才需求明确其岗位职责，也会针对既有岗位进行相应的职责更新，从而有效地确保岗位职责与未来业务发展的紧密关联。

（4）人才梯队

华为公司在技术专家岗位盘点并更新完成后，会进行专家人才梯队的建设。其具体内容如下。

第一，岗位选择。通常，华为专家继任者在规划实施过程中，往往考虑到的岗位数量过多。因此，华为将业务部门重点集中于如下三类岗位：一是根据未来战略匹配人才需求，即围绕未来业务战略选取核心关键岗位；二是重点判断当前短板或急需提升发展的岗位；三是有空缺风险的岗位，比如，现任可能发生变动且候选人少的岗位。

第二，继任者选拔。在继任者选拔中，先由业务部门提名。当然，业务部门的提名，必须将人才标准、提名规则、人选确定考虑进去。

① 人才标准。人力资源部通常会提供相应模板和工具支撑。根据模板和工具，将人才选拔的参考标准反馈到业务部门主管。例如，岗位能力要求、工作经验（包括成功的产品、海外经验、管理经验等）、综合素质（包括影响力、创新能力等）。

在这些选拔标准中，华为公司首要关注和考察的是人才的综合素质，其次才是能力和经验。能力和工作经验是可以培养的，但综合素质却不能。因此，干部选拔必须具备六个必要条件：绩效、任职资格、经验、素质、价值观、愿景，见图 2–2。

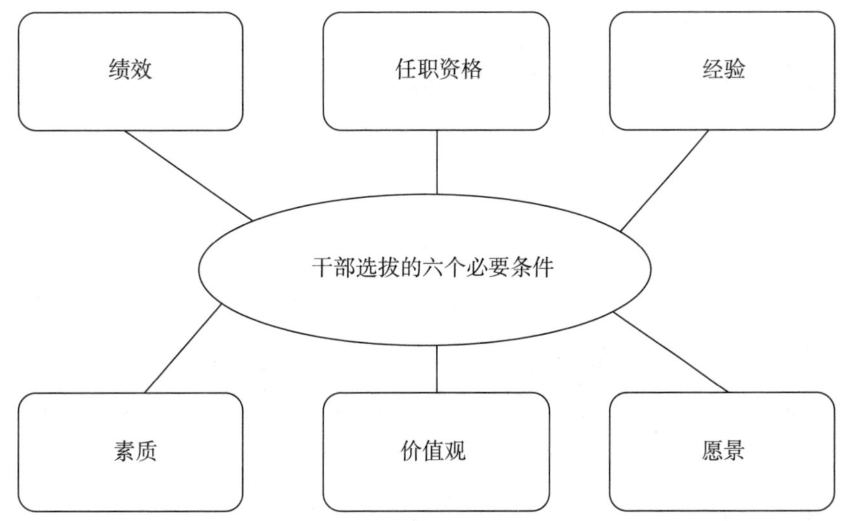

图 2–2　华为干部选拔的六个必要条件

② 提名规则。华为公司在提名业务主管的继任者时，不仅仅局限在其所在的部门，还做了适当的调整，即业务主管在填写候选人名单时会考虑三个类别：本部门员工、其他部门员工、公司外部人才。

经过这样的调整，华为公司针对能力薄弱的岗位将内部培养与外部招聘结合了起来，同时更有利于华为业务主管拓宽视野、关注更多的人才提供政策支持。

③ 人选确定。在华为公司，由于梯队盘点信息是保密的，因此通常不能和被提名人员进行沟通。这样做的好处是避免被提名人员由于提拔不成引发不满情绪。

通常，上级会统一审视各个下属主管的提名名单，并适当做出一些调整。当梯队盘点名单最终确定后，各个主管可据此落实对后备人员的培养与发展。

第三，人才发展。一旦人才选拔完成，华为公司便会根据继任准备程度，将继任者候选人分为三个等级：一是聚焦精准；二是聚焦发展，需制订未来 1 ～ 2 年有针对性的详细培养发展计划；三是看重潜质，可以指引员工未来 3~5 年的职业发展路径。

第四，能上能下机制。针对专家岗位，华为公司每年都会淘汰一定比例的不合格人员。之所以这样做就是通过优胜劣汰的管理手段，最大化地激活技术专家，即使在业务平稳增长阶段，华为公司每年也可以保障一定比例的技术专家晋级到更高的岗位上。

第五，发展项目。在华为公司，所有人都非常重视通过实践学习提升自己的工作能力。为此，以下几个主要的发展项目中也体现了华为人才的发展原则。

①“鸿雁计划”。华为公司每年都会在内部选择若干位技术领域内的中层专家进行轮岗发展。轮岗的目的有两个：事求人，基于业务需求；人求事，基于员工发展需要。

考虑到“能上能下机制”对人才发展路径的影响，在轮岗过程中，华为公司不仅会观察专家人才轮岗时的个人发展情况，也会对这部分人才设置一年的保护期，确保在其轮岗第一年内不会被降级。

②“拜师会”。“拜师会”是指安排高潜力人才与公司内部的首席技术专家结对拜师。在华为公司，“拜师会”相比导师制度更具实践性，关键在于“老师”会带领“学生”直接进行项目实践。

③“挑战性项目”。“挑战性项目”会优先考虑继任者梯队人选，同时也会通过一些老大难问题为专家提供锻炼机会。通过专家大讲堂提升继任者梯队人选解决问题的能力。华为公司通常每个月都会邀请业界专家、公司顶尖专家、大学教授来为员工讲授行业新技术等内容。

④“创新思维课程”。华为与第三方合作开展课堂培训和工作坊。安排技术专家去参加学习、锻炼创新思维，掌握创新思维方法。

通过上述发展项目的实施，当人才培养取得成果后，华为依旧通过“继任者命中率”指标判断继任者计划的实施效果。即新岗位被填补后需要对比实际的任职名单与原先的继任规划名单的符合程度，分析命中率过低的团队的真正原因。

鉴于此，管理者在激励管理过程中必须熟悉员工的类型、了解员工的需求，具体见表 2–1。

表 2–1　　不同类型员工的激励方法

类型	具体方法
雄心勃勃型	雄心勃勃型员工最关心的往往是他在公司中的职位、发展机会和自我价值实现等，当雄心勃勃型员工在一些成熟型公司中不得不按照该公司层级缓慢上升时，他们就有可能转到另一领域来增加自己所承担的责任，从而获得更多满足感 管理者应适当地增加该类型员工的工作责任，更好地为内部培养高层管理者做好准备
独立思考型	独立思考型员工一般工作能力强，创新能力也很强，但独立思考型员工往往不遵守公司规章制度，他们喜欢以自己的方式去行动 管理者应给予该类型员工相对的自主权，从而使其发挥更大的创新空间
个体发展型	个体发展型员工往往在工作中以能否锻炼提高自己的工作能力为依据。一旦某一岗位能够提高工作能力，个体发展型员工会毫不犹豫地接受挑战 管理者应创造适合该类型员工的工作岗位，提升其工作积极性
生活设计型	生活设计型员工往往有很强的家庭观念，不论从事何种工作，该类型员工都会平衡工作与家庭的时间 管理者应给该类型员工提供弹性的工作时间，更好地激发该类型员工的工作积极性
团队合作型	团队合作型员工是推动公司发展的一个重要力量，对该类型员工而言，与同事合作是工作中最重要的一部分 管理者应营造融洽的合作气氛，使其发挥更大的才能

第 3 章

奖励员工想要的才是激励的初衷

在总裁班授课中，很多老板非常困惑且不止一遍地问我："周老师，您说现在的员工真不知道在想什么，我主动加薪、组织境外旅游、对重大贡献者奖励房子。您说我像一个很抠的老板吗？"

客观地讲，很多老板在奖励员工方面可谓花费了不少精力，但是却没有起到应有的作用。每每遇到这样的老板，我都会善意地提醒他们："您敢拍胸脯说，您给的肯定是员工想要的吗？"

多数老板都摇摇头说："周老师，这个不敢肯定，不过，员工激励不就是票子、房子、旅游吗？很多跨国公司都是这么干的。"

很多激励措施失效的根源大多在于此，老板自己都不敢肯定公司给的就是员工想要的。试想一下，这样的激励能有效吗？答案当然是否定的。

有效满足员工需求，真正让激励效果最大化

要想使激励有效，就必须搞清楚激励的内在根源。管理者如果搞不清楚被激励员工的需求，也就无法使其得到有效的满足。

例如，在奖励一个中年操作工人时，由于该工人养家糊口和改善生活的需求较大，管理者必须偏重利益驱动；在激励一个刚大学毕业的年轻员工时，由于该员工有理想、有抱负，管理者必须多提及尊重、发展前景、个人成长。

要票子给票子，要房子给房子，结果为什么总事与愿违

在昆山的一次公开课中，A 集团公司老板很纳闷地询问我这样一个问题："周老师，您说，要票子我给票子，要房子我给房子，要车子我给车子，就差要老婆

没有把老婆给他了。凭良心说我真的待他们不薄，可为什么他们就是不领我的情呢？”

该老板说的员工就是毕业于北京某大学的高才生王正坤，他在企业里摸爬滚打了很多年，具有丰富的管理经验。

一次偶然的机会，我见到了王正坤。当我问他为什么要离开A集团公司时，王正坤满腹委屈。

谈及自己的离去，王正坤郁闷地叹道：“老实说，老板待我真的很不错，但是我离开绝对不是因为这些，在那里我总是觉得很空虚、很压抑……”

当我将老板的话转达给他之后，王正坤坦率地说出了自己的心里话：“我总不能为他打工一辈子！他只是一个穷得只剩钱的暴发户罢了。现在，金钱对于我来说没有绝对的诱惑力，我只想干出一番业绩，证明我的才能，而在那里我总是不能全力施展自我的才能，况且道不同不相为谋，所以我的离开是因为在那里是对我的价值的最大否定。”

当再次给A集团公司做内训时，我把王正坤的话委婉地告诉了A集团公司老板，该老板微微地叹息说：“我辛苦打拼其实是在为员工打拼，为什么他们还不领情呢？”

在日常的激励管理中，很多老板常常忽略一个问题，那就是老板总是想当然地给员工一些激励。殊不知，这样的做法不但达不到激励效果，甚至还可能会引起员工的不满。在老板们的阵营中，他们觉得十分委屈，辛辛苦苦，收获的却是员工离去的背影；而离职员工对老东家也少有感激，不满、惆怅乃至愤恨充斥着他们的内心。①

在上述案例中，A集团公司老板在激励员工时，不惜重金，可谓是爱惜人才，但是其方法不得当，结果不理想，原因就是老板给的并非就是员工想要的。这就

① 《中国经营报》编辑部 . 你是否管理员工的期望 [N]. 中国经营报，2015–02–19.

是令很多老板觉得困惑的原因——“我的企业不错呀，给他的薪水也不低，福利还可以，为什么就是激励不了他呢？”

维克托·弗鲁姆的期望理论

当老板发现不少离职员工加盟一个各方面条件都比自己公司还要逊色的新企业时，更是搞不清这些员工的行为动机。

究其原因，是老板缺乏对员工的有效了解，以至于做出了错误的激励决策。要想做出正确的激励决策，管理者就必须搞清楚自己给予的是不是员工想要的，即需要搞清楚被激励员工的期望。

所谓员工期望，是指员工在对自己掌握的信息和从外部获得的信息进行综合分析、评估的基础上，在内心形成的对企业提供给自己的包括工作、薪酬、福利等的一种基本要求，并据此对企业的行为形成的一种期望。[①]北美著名心理学家和行为科学家维克托·弗鲁姆进行深入研究后总结出了期望理论。

期望理论，又称“效价—手段—期望理论”，是管理心理学与行为科学的一种理论。1964 年，维克托·弗鲁姆在《工作与激励》一书中将期望理论作为激励理论的一部分，其基本内容主要是其提出的期望公式和期望模式。

在维克托·弗鲁姆看来，激励取决于行动结果的价值评价（即“效价”）和其对应的期望值的乘积：

激励力 = 期望值 × 效价

在该公式中，激励力具体是指调动员工积极性，激发其内部潜力的强度；期望值是指根据个人的经验判断达到目标的把握程度；效价则是指所能达到的目标

① 《中国经营报》编辑部 . 你是否管理员工的期望 [N]. 中国经营报，2015–02–19.

对满足个人需要的价值[①]。

当管理者了解员工的期望之后，就必须有针对性地进行员工期望管理。所谓员工期望管理，是指管理者对员工的期望进行有效管理，对员工期望不合理的部分予以引导说明，并与员工沟通，以最大限度地满足员工的合理期望，同时引导员工建立正确有效的期望，最终提升满意度，如图 3–1 所示。

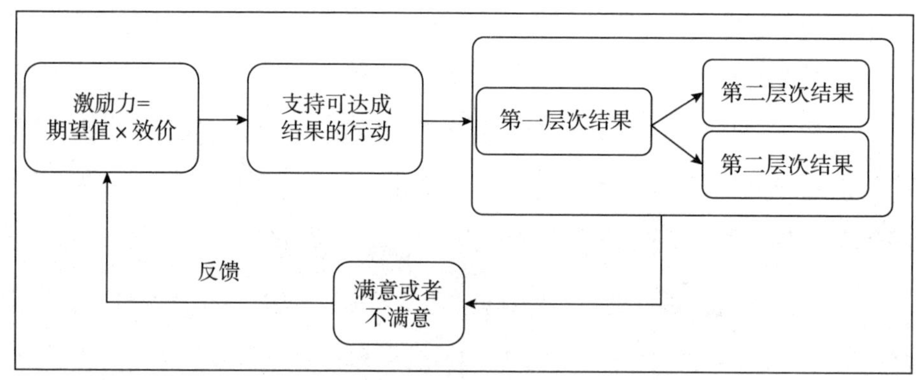

图 3–1　维克托 · 弗鲁姆的动机作用模式

从图 3–1 可以看出，员工的积极性被调动的程度取决于期望值与效价的乘积，即员工对目标的把握越大，达到目标的概率就越高，动力也就越强烈，其积极性也就越强烈。在激励管理过程中，管理者采用期望理论来调动员工的工作积极性无疑是有积极意义的，如图 3–2 所示。

① 沈汝丑 . 把握学生心理期望 实现地理有效教学——以湘教版七年级下册“西亚”教学为例 [J]. 中学地理教学参考，2016（04）：22–23.

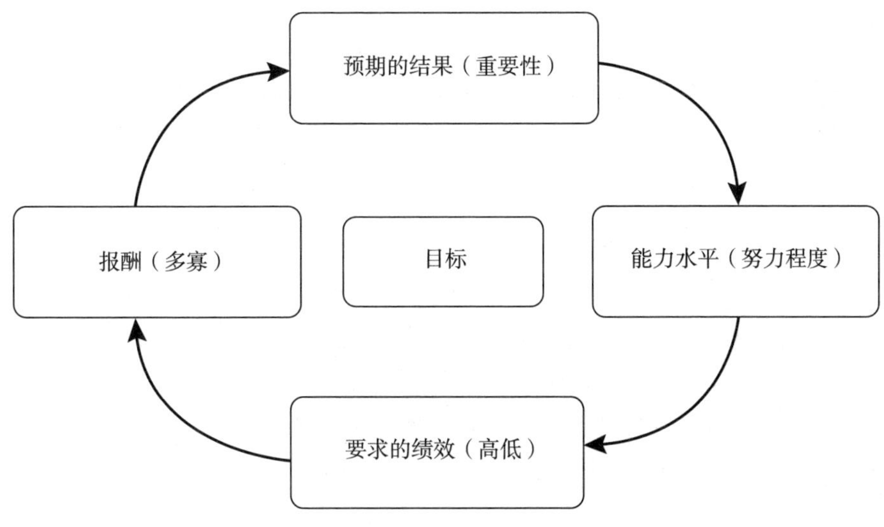

图 3–2　维克托·弗鲁姆的期望理论

当然，要想达到这样的激励效果，就必须搞清楚期望理论的核心，即（1）工作能提供给他们真正需要的东西；（2）他们的欲求是和绩效联系在一起的；（3）只要努力工作就能提高他们的绩效。因此，当管理者知道员工的期望之后，才能最大限度地发挥员工的积极性。

激励需求的排序

在给 H 公司做内训时，老板宋思铭很自豪地说："周老师，激励没什么了不起的，我采用的方法就是给员工加薪，反正我几辈子也花不完，加薪就是我的激励秘籍。"

面对宋思铭的炫耀，我没有正面回答他，而是给他讲了一个真实的案例。

有一次，我受 K 集团公司邀请去讲授《富过三代——家族企业如何迈过接班生死坎》。当我们正在闲聊时，老板刘庆元很热情地拍了拍一名清洁工的肩膀，还称赞该清洁工扫地很干净。

可以说，清洁工在很多公司中常常是一个最容易被老板忽视的工种。连刘庆元都没有想到的是，正是他这个潜意识的夸奖，给予了该清洁工莫大的鼓舞。就在我给 K 集团公司讲课第一天的当晚，被刘庆元辞退的员工悄悄地潜入财务室，撬开了保险箱。该清洁工发现有人盗窃后，立即与他展开了殊死搏斗。

事后，人力资源部总监问清洁工殊死搏斗的动机时，答案却出人意料。他竟然说："老板看见我时，拍了我的肩膀，总是称赞我扫的地真干净。"

宋思铭听完这个案例后顿时哑口无言，然后有点腼腆地说："周老师，我明白我的激励问题了，谢谢您。我让助理给您准备顾问聘书。"

宋思铭的转变从侧面回答了这个问题：提高薪酬，员工的满意度未必就会提高，而如何提升员工的满意度的方法还有很多。

员工的成就感

在有效激励员工的方法中，薪酬的作用已经大大减弱。对此，中科院心理所的专家发现，"在激励员工的要素中，排在第一位的是成就感，之后依次是被管理者或者老板赏识、工作本身、责任感、晋升机会、工资、工作环境、奖金。"

在这个排序中，工资和奖金因素列第六位和第八位，这也说明了非金钱因素的重要性。

中科院心理所专家的观点与美国心理学家弗雷德里克·赫茨伯格的双因素理论非常类似。赫茨伯格认为："工资、工作条件、工作环境等属于'保健'因素，不具有激励作用，而工作成就、社会认可、发展前途等因素才是真正的激励因素。"[①]

① 王睿. 事业留人在企业人力资源管理中的运用 [J]. 网络财富，2010（12）：227–228.

对员工充分肯定和认同并不花费什么成本，却能取得极高的回报。因此，要想让你的组织更有竞争力，那么就请充分尊重、肯定和认同每一个员工的劳动，这无疑是留住员工的最佳方式。

由于分厂急需用人，老板决定从总厂分配一些员工到分厂工作，而丁洋洋就在名单中。然而，丁洋洋在分厂上了半个多月的班，非常不习惯分厂的工作，于是申请调回总厂，可是分厂的管工不同意。

随后，丁洋洋偷偷地从分厂逃了出来，又怕总厂说她太任性，于是开始寻找新的工作。

在随后的几个工厂的面试中，管理者都要求员工自己解决住房和三餐。而在之前的分厂，丁洋洋有一个多月的工资没领到，她不得不继续找工作。

因为技术过硬，新的工作很顺利地找到了。

老板说："只要你来这里上班，我们不会亏待你的，你以前拿多少钱工资，我也可以给你多少。你没钱用，我也可以先给你。"说着就拿出来 1000 元给丁洋洋。

丁洋洋拒绝了老板的 1000 元钱。丁洋洋问老板："您不怕我拿了钱就跑吗？"

老板说："不怕。"

丁洋洋说："如果我以前那个厂的老板不让我走，那我一个多月的工资怎么办？"

老板承诺会把工资补给丁洋洋，同时还借自行车给丁洋洋回去取行李。

就这样，吃苦耐劳的丁洋洋入职了。每当工厂有紧急订单时，丁洋洋总是第一个提出来要主动加班。

入职三个月后，老板发现丁洋洋的管理能力超强，如果好好培养，对于工厂来说，她将来是一位很好的管理人才。

于是，老板把丁洋洋叫到办公室，问她："高中上完了吗？"

丁洋洋如实回答了老板的问题——高中上完了，当时只考上了省内的一所大学专科学校，为了减轻家里的经济负担，丁洋洋毅然决然提出了不复读，南下打工挣钱，供弟弟妹妹上学。

老板说："如果现在再给你一次上大学的机会，你还想上吗？"

丁洋洋坦率地说："当然想上了。"

老板当面告诉丁洋洋："过几天，我就把你送到一所名牌高校去学习。看你为咱们工厂那么卖力，我感觉你很有管理的天分，你就学管理专业。这样，以后在咱们厂里，你就只上行政班，不用那么辛苦了。我也是从农村出来的，深知在农村长大的孩子不容易，所以，我才给你这样一个再学习深造的机会。"

丁洋洋以为老板开玩笑。当老板拿出入学通知书时，丁洋洋才相信这是真的。自从离开高中的那天起，丁洋洋从来没有想过能再上学，自己的一生就注定在车间里做流水线的工作。

转眼间四年的时间过去了，当丁洋洋拿着本科学位证书再次来到老板面前时，言行举止都已经改变了许多。

没过多久，丁洋洋就做了老板的行政助理，经常陪同老板参与谈判，为公司创造了不少业绩。

在本案例中，老板不仅培养了一个员工，而且留住了员工。事实证明，睿智的管理者明白，充分肯定和认同员工的成果是激励员工的最好方式，单是对某个员工所给予的肯定就能对企业起到很大的作用。

有效的激励往往不是来自薪酬的驱动，而是非金钱因素

当员工的工作成果得到管理者的充分肯定和认同，表明管理者看到了员工的长处，肯定了员工存在的价值，不再对员工的存在视若无睹。一旦得不到肯定和认同，员工就会对自己产生怀疑，渐渐失去进取心。因此，无视员工优点和付出的管理者一定是一个不合格、不称职的管理者。在这里，我与大家分享一个真实的案例。

F 信息科技公司成立于 1999 年 11 月，主要业务是立足于蓬勃发展的互联网产业，有效依托中国各电信运营商的技术平台，从而有针对性地研发、推广需求各异的电子商务和生活资讯类服务。

为了扩大市场份额，F 信息科技公司总经理藏京闻委派副总经理江大海、销售副总经理冯在平两人前往西南重镇——重庆去开拓西南市场。

在江大海、冯在平两人到达重庆后，经过周密的计划和得当的宣传，F 公司重庆市场的市场份额从零提升到了 45%。

为了体现 F 信息科技公司以人为本的精神，总经理藏京闻决定奖给江大海、冯在平二人每人一台高级轿车、一套三室一厅的房子，另外还将他们的工资提高了 300%。

然而，藏京闻却没有注意到，在 F 信息科技公司的考核中，特别是在新市场的开发中，江大海的业绩一直优于冯在平。

江大海、冯在平在得知总部给自己的奖励后都很高兴。

这样的欣喜却没能持续几天。当得知总部奖给自己的奖品和冯在平一样时，江大海认为，总部这样的做法欠缺公平，冯在平的业绩不如自己，在 F 信息科技公司考核中，哪怕是在新市场的开发中，自己的业绩一直都优于冯在平，然而冯在平却得到了与自己一样的奖励。

总部的这次奖励引发了江大海心态上的失衡，使得他对 F 信息科技公司的满意度大幅下降。

从那以后，江大海再也没有像刚到重庆时那样卖命地开拓市场了。半年后，江大海离开了 F 信息科技公司。

从上述案例可以看出，在没有激励时，江大海、冯在平两人都没有怨言，都在积极地开拓市场。然而，藏京闻实施了错误的激励措施之后，问题就出现了。一些管理者为了让企业在激烈的市场竞争中占有一席之地，唯有痛下决心用高报酬换取员工的满意度。殊不知，在高薪与满意度之间还有一个重要的因素，即员工个人的公平感。

在江大海看来，无论是自我感觉，还是公司的绩效考核，自己都优于同事，结果却得到一样的激励，这就激化了江大海与公司的矛盾。管理者要想提高员工的满意度，建议参考以下激励方法，见表 3–1。

表 3–1　　提高员工的满意度的三个激励方法

方法	具体内容
不要太看重绩效工资的激励效果	很多管理者在激励员工时都将绩效考核与薪酬挂钩，这可能会导致由于薪酬结构问题给团队建设带来负面影响。这就要求管理者在制定激励制度时，根据具体的需求制定能形成“双赢”或“多赢”局面的激励机制
培育员工的内在激励机制	在任何一家公司中，每个员工的自我需求不同就决定了薪酬不能解决所有的激励问题。事实证明，有效的激励往往不是来自薪酬，而是员工工作成就、社会认可、发展前途等因素的驱动
对所引进的激励理论进行深入的思考	在制定激励制度时，管理者如果不考虑自身企业的实际情况，而是盲目地使用其他企业成功的理论，只会对管理者产生误导作用。因此，在吸收和运用某成功企业的激励理论前，管理者要根据自身企业的实际情况进行多方论证

仅仅为员工提供职位升迁是远远不够的

我们经常看到在很多企业中，一些管理者尽管提拔了某些核心员工，却因为没有考虑这些员工的实际诉求，不仅没有达到有效激励的目的，而且还激化了与这些员工之间的矛盾。

出现这个问题的原因是，一部分管理者认为，只要把某一个核心员工升迁到一个更高的职位上，就能更好地激发他的工作积极性，提高岗位效率。然而，这部分管理者不知道，升迁人选如果没有得到他期望的薪酬，他就很难将升迁视为一种有效激励手段，还会因为薪酬过低而要求主动调回原岗位，甚至会辞职。

当管理者考虑以升职来激励员工时，最好针对不同的人才采用不同的激励手段，这样不仅有利于实施各专业领域特殊的有效激励方式，特别是升迁激励，而且也避免将奖励杰出的研究员或技术专家升迁到其无法胜任的管理级别的情况发生。

职位升迁的同时必须加薪

在激励管理中，仅仅只给员工提供职位升迁的机会是远远不够的，公司必须有一套完善的激励体系，否则，很难达到激励员工的目的。惠普创始人比尔·休利特（Bill Hewlett）曾言："优厚的薪资当然重要，但是许多其他的事物同样是激励员工的要素，例如奖赏公平、工作具有发展性等。"

业内专家撰文指出："传统的升迁制度缺乏一个有效报酬制度应有的弹性。在一个健全而有效率的奖励制度中，报酬应该是可望亦可及的，它必须与优异的表现伴随而生，并且必须在一段合理的时间内兑现，才能发挥应有的功效。但是，能够做到这一点的组织却少之又少。"[①]

N 公司是 L 市一家近年来发展势头强劲的激光产品生产厂家。其华东片区销售经理蒋少农由于能力出众，其片区销售业绩一直稳居 N 公司第一名。

N 公司总经理张政棠为了更有效地激励蒋少农，准备给其一个可以发挥更大自我潜力的舞台。于是他将蒋少农提拔到 N 公司销售总监兼副总经理的职位上，全面主管 N 公司的销售业务及其销售人员的补充。

蒋少农在上任后，更加积极主动地工作，并修正了 N 公司的一些销售政策，使得公司销售额也稳步攀升。

① 一鸣．企业管理者激励员工的五个技巧 [J]. 企业科技与发展，2008（04）：22.

然而，正当张政棠制订下一个五年战略计划时，也就是蒋少农担任销售总监兼副总经理的三个月后，N公司为蒋少农发放了第一个季度奖金。让蒋少农没有想到的是，担任销售总监兼副总经理的季度奖金甚至没有担任片区销售经理时的三分之一多。

蒋少农终于下定决心，主动地向张政棠提出调回片区销售经理的原岗位工作的要求。

在弄清了蒋少农要调回片区销售经理的真实原因之后，张政棠经过与N公司董事会协商讨论，提出了新的关于副总经理职位的薪酬计算方法。

就这样，蒋少农的薪酬问题解决了，蒋少农也愿意继续担任销售总监兼副总经理。第二年，N公司已占据中国大陆地区70%以上的市场份额。

从上述案例我们可以看出，只是简单的职位升迁并没有给蒋少农带来相应的薪酬激励，反而比原来还少了三分之二。因此，作为管理者，在以升迁为激励手段时，必须要充分考虑职位与薪酬相匹配。

在利用升迁作为激励手段时，还必须考虑员工的自身需求

有效的激励员工不仅是一种提升员工工作积极性的管理手段，而且还是一门管理艺术。管理者只有充分地理解了如何激励员工，才可能最大限度地提升员工工作的积极性，即管理者在利用升迁作为激励手段时，还必须考虑员工的自身需求。

联想集团是全球电脑市场的领导企业，主要生产台式电脑、服务器、笔记本电脑、智能电视、打印机、掌上电脑、主板、手机、一体机电脑等商品。2014年4月1日，联想集团成立了四个新的、相对独立的业务集团，分别是PC业务集团、

移动业务集团、企业级业务集团、云服务业务集团。①

联想的成功离不开人才，人才的工作积极性离不开科学完善的激励机制。正如联想集团创始人柳传志所言："要努力成为一家伟大的企业，激励就是催化剂。"

柳传志认为，企业对员工的物质激励是其履行对员工的责任的具体体现，特别是对于业务员工，如仅仅采用精神激励手段，时间一长，效果就很有限。这意味着物质激励是精神激励的基础部分。

在联想集团，物质激励部分主要分为两个方面：中短期激励和长期激励。

（1）中短期激励

中短期激励又分为以下两种：

第一，完成一个特殊项目给予的奖励，即项目奖。

第二，年终奖金。除了一般意义上的年终奖外，联想集团还创造性地提出了所谓的"三年奖金"。这个激励手段主要是针对员工提出的②。

如果员工制订的某个战略计划，在其后三年中给联想集团创造了巨额利润，那么，该员工不仅当年能够得到奖金，而且在未来的三年还会按照一定比例得到奖励。这就激发了一些管理层或员工的工作积极性，而且在制定战略时考虑得更为长远。

（2）长期激励

在长期激励方面，联想集团实施股权激励，这也是联想集团取得成功的一个重要策略。1988 年后，一大批年轻员工，如杨元庆和郭为等骨干人才加盟后，联想员工的素质大幅度提升。为了更好地激励员工，联想开始实施股权激励。

---

① 陈平平 . 联想将分拆为四个业务集团：刘军负责移动 [N]. 经济观察报，2014–01–29.

② 朱玥，朱佩雯 . 激励机制在公司管理中的作用——以联想集团为例 [J]. 中国市场，2020（04）：98–99.

1993 年，柳传志提出，尽可能地让员工持有联想股份，但是员工持股不仅涉及股份制改造问题，而且受到了当时政策的影响，一时难以实现。不得已，柳传志退而求其次，把“股权”改为“分红权”。在柳传志的变革下，联想的员工有了 35% 年利润的分红权，由此迈出了联想股权激励的第一步。

2001 年，联想集团实施第二次股权激励。具体措施是，联想进行了股份制改造，用原来分红的钱买下了 35% 的股权，同时联想又把股权中的 35% 分给了 11 个创业元老和主要的核心骨干，把 20% 分给了从 1984 年开始创业的 180 多个普通员工，剩下的 45% 留给了后来加盟的联想员工。[①]

联想集团并非唯一一个实施股权激励的公司，微软公司的股权激励做得也不错。在考虑劳资双方利益分配时，微软公司就确定了普遍的公司股票分配方案，以股票期权的方式让员工共享产权。[②]

具体的做法是，在激励员工时，微软公司分别使用年度奖金和给员工配股两种手段。当一个员工在微软公司工作 18 个月后，该员工就可以获得微软公司认股权中 25% 的股票，此后每 6 个月可以获得其中 12.5% 的微软公司股票，10 年内的任何时间兑现全部认购权，每两年还配发新的认购权。不仅如此，微软员工还可以用不超过 10% 的工资以八五折优惠价格购买微软公司的股票。[③] 这样的激励制度对留住员工很有效，也非常有吸引力。微软公司公开的资料显示，在微软公司，工作五年以上的员工的流失率非常低。

众所周知，留人关键在留心，留心的关键在于让员工成为企业的主人，让员工与企业同生共死。大量事实证明，仅仅用高薪水、高奖金激励员工已经不足以吸引和留住员工了，而通过购股选择权和其他建立在股份基础上的鼓励措施对于

① 吴锦烨 . 薪酬管理在企业人力资源管理中的应用分析 [J]. 经营管理者，2013（29）：98.

② 曾建权，郑丕谔，马艳华 . 论知识经济时代的人力资源管理 [J]. 管理科学学报，2000（02）：84–89.

③ 于成龙 . 盖茨相信员工 留住了人才 [J]. 企业文化，2007（04）：21–22.

留住不安心工作的员工是极其有效的。威廉·默瑟咨询公司进行的一次调查显示，在美国的大公司中给予一半以上员工购股选择权的占 30%，而五年前这一数字仅为 17%。上市公司的股东们正在以前所未有的速度积累财富。①

这样的变化说明，购股选择权之所以比高薪、高奖金更有吸引力，是因为购股选择权不仅是一种物质激励，更是一种精神激励，即员工的个人命运与企业的发展捆绑在一起。

从长远的角度来分析，购股选择权不同于一次性的高额奖金，只要员工认购了股票并持有，员工就可以永远“坐收”由其奉献带来的丰厚利润。如同栽下一棵树，长大后的树连同一年一度的果实都归员工所有，这种股权分享对员工更有吸引力。

联想和微软的激励措施说明，当管理者在制定高效激励机制时，必须充分考虑员工与企业利益的一致性。这种双因素激励方法给管理者的启示是，薪酬等物质激励很容易转化成保健因素，而在实际的企业管理中，对员工真正起激励作用的还是员工自我价值的实现、控制权大小以及员工职位的晋升。因此，管理者在制定高效激励机制时，不仅要充分考虑公平、公正、公开，而且必须从系统论的观点整体把握、综合考虑各种激励因素的平衡。具体注意事项有两个，如表 3–2 所示。

表 3–2　　高效率地激励员工的两个注意事项

注意事项	具体内容
激励方式必须注重长期激励和股权激励	在激励员工时，管理者必须采取长期激励和股权激励两种方法：第一，对高管层采用股票期权制度；第二，对员工层采用员工持股计划的激励方式
激励层次和手段必须多样化，更有针对性	在激励员工时，管理者必须考虑员工的实际需求，采取更加多样化的激励层次和更具针对性的激励手段。管理者根据各个经营层面员工不同的实际需要，以及技术人员的实际工作性质，设计不同的激励方式，从而提升员工的责任心和岗位效率

① 王宁泊 . 微软的留人之道 [C]// 企业文化创新与落地——“十二五”湖北企业文化系列成果集，2015.

第 4 章

只有物质奖励的激励效果差很多

美国著名心理学家威廉・詹姆斯（William James）研究发现：“人性中最深切的禀赋，是被人赏识的渴望。”

在威廉・詹姆斯看来，激励管理离不开赏识下属。由此可见，适度的精神激励是非常有必要的，主要体现在两个方面：第一，精神激励在激励中的重要作用不能忽视；第二，管理者一旦只注重物质激励，其效果就会差很多。

因此，管理者只有运用科学的激励方法，灵活地调动员工的情感和工作积极性，才能把激励的作用发挥到最大。

精神激励仍然是一个重要的选项

在当下的镀金时代，很多管理者由于没有理解精神激励在激励员工中的重要作用，所以时常忽视其作用，自然也就疏于精神激励。这些管理者认为，精神激励远没有物质激励起到的作用大。

事实并非如此，因为精神激励有时比物质激励更有效。有专家研究发现，管理者经常发自内心地称赞员工，可以明显地提高员工的生理状态，进而激发出员工的工作热情，创造出更高的效益。因此，作为管理者应该明白，即使在物质充裕、金钱横溢的今天，在激励员工时，精神激励仍然是一个重要的选项。

物质激励和精神激励相结合

美国一项有关激励因素的研究表明，员工把管理者对其某项工作的称赞列为所有激励中最重要的。但不幸的是，在这项研究中，58% 的员工说管理者一般不会给予这样的表扬。[①] 由此可见，管理者不太愿意在精神激励上下功夫。

刘晓岩是一家销售公司的核心员工，工作责任心很强，总是早到晚归，从不计较有没有额外的加班费用，周末时也会主动到公司加班，而且还为公司拿到了很多大单。

但是，刘晓岩不仅没有得到销售总监刘云飞的提拔，甚至还常常遭其打压。

就在几个月前，公司的一个大客户把之前签订的合同削减了一半。为了让大客户保持之前的销售合同，刘云飞委派刘晓岩全权负责此次谈判，希望通过此次谈判达到两个目的：第一，让大客户执行此前签订的销售合同；第二，在新的季度中，把订单数量维持到原来的水平。

对于刘晓岩来讲，这无疑是一项非常艰巨的任务，但是刘晓岩“明知山有虎，偏向虎山行”。

经过几轮的谈判，大客户答应了刘晓岩的谈判条件，这既挽回了大客户已经取消了的订单，还把新签的合同定量增加了两倍。

刘晓岩此行不辱使命，完成了刘云飞交给自己的任务，同时还为公司创造了奇迹。按捺不住激动情绪的刘晓岩向刘云飞汇报：“我谈判成功了！新的订单比之前的还要多两倍。”

然而，刘云飞却在电话里冷冷地说道：“小刘，这有什么高兴的，办完事情后就快点回来，公司里的事情还一大堆呢。”

没等刘晓岩说完，刘云飞就挂断了电话。回到公司后，刘晓岩希望刘云飞能理解自己的辛苦，因为这份新订单是自己花了不少心血才得到的。

当刘晓岩到销售总监办公室向刘云飞谈及自己的想法时，刘云飞恼怒地回答道：“那几个讨厌的资本家，削减合同是他们的错，现在不过是他们知道自己错了罢了。”

---

① 陈人莉 . 浅谈企业员工有效激励措施 [J]. 现代经济信息，2019（16）：155.

刘云飞的话给了刘晓岩当头棒喝。刘晓岩补充道："难道我此行就一点价值也没有？"

刘云飞不耐烦地打断了刘晓岩的话："你冷静一下吧。公司雇用你，不就是想让你给公司扩展业务吗？再说了，每回少了你的提成了吗？另外，还有别的事情吗？"

刘晓岩气鼓鼓地离开了销售总监办公室，甚至还差一点哭出来。

两周后，刘晓岩辞职了。

在上述例子中，当刘晓岩这样能够代表公司形象、终日与客户直接打交道的核心员工取得业绩时，作为销售总监的管理者应该在第一时间给予表扬，并在适当的时机给予其物质奖励。然而，销售总监却没有这样做，其实是在伤害员工的工作积极性。不少企业在激励员工时，使用物质激励耗费了不少成本，但是并未达到预期的激励目的，员工的积极性依然不高，反倒贻误了企业发展的最佳时机。

在注重领导艺术的同时，还要强调授权、对话、承诺

大型跨国企业历经数十年，甚至是上百年的风雨，从数以亿计的企业中脱颖而出，依然能够傲视群雄，一个关键的因素就是懂得如何激励员工。

美国一项研究结果显示，赞美员工所产生的激励效果与用金钱激励的效果几乎等同。因此，管理者在激励员工时，需要懂得必要的激励技巧和方法，而管理者自身的领导艺术是调动员工积极性、激励员工、留住人才的关键因素。因此，一名合格的管理者应该达到知识、经验、能力三方面的要求。

大量事实证明，管理者向员工授权的前提是信任员工。因此，管理者在激励员工时，不仅需要注重领导艺术，同时还要强调授权、对话、承诺。他们深知，对话和承诺都是双向的，但这一切都建立在信任的基础上。信任就像部门的血液，支撑着庞大的机体，每一个业务部门、每一个职能部门、上下级之间都被信任的

血液滋润着……[①]

公开资料显示，在华为公司的早期发展阶段，郑宝用和李一男是任正非非常器重的两个人才。当时郑宝用是清华大学的在读博士，而李一男是华中理工大学的研二学生。

尽管如此，任正非还是给予郑宝用和李一男足够的信任，正如华为人所言，“不拘一格降人才”。

从郑宝用的工号来看我们就不难理解了。在华为，任正非的工号是0001，而郑宝用经过多年的努力，其工号为0002。

而来自华中理工大学的高才生李一男加盟华为后，两天后即被提拔为工程师，两周后升为高级工程师。经过半年多的考核，由于工作表现出色，李一男被任命为华为最核心的中央研发部副总经理。

两年后，因为在C&C08交换机等项目上做出了突出的贡献，年仅25岁的李一男被任命为华为中央研发部总裁、总工程师。再后来，尽管李一男与任正非之间发生了诸多故事和牵绊，但回忆起当年，李一男不无感叹地说道：“在华为，有的是信任、挑战、机遇和分享胜利的喜悦。”

从物质激励到精神激励

作为管理者，必须客观看待和正确理解员工的需求。尊重员工的正当需求，不仅是有效激励的基础，同时也是激励的出发点。一旦管理者错误地理解员工的需求和价值观，那么激励也就无从谈起。所以，管理者必须在注重物质激励的同时也要注重精神激励。

① 霍尔，等. 信任的真相 [M]. 宫照丽，译. 北京：东方出版社，2010：89–92.

既然精神激励如此重要，那么什么是精神激励呢？所谓精神激励，又称内在激励，是指精神方面的无形激励，例如，管理者向员工授权；认可员工的工作绩效；制定一个公平、公开的晋升制度；给员工提供一个学习、发展和进一步提升自己的机会；实行灵活多样的弹性工作时间制度；制定适合每一个人的职业生涯发展道路等[①]。

查阅相关资料，我们发现精神激励的方法有如下几个。

1. 情感激励法

根据心理学理论的结论，情感通常是影响员工行为最直接的一个因素。对于任何一个员工来讲，都渴望满足自己的情感需求。因此，管理者必须关注员工的精神生活和心理健康，同时开展团建等活动，尽可能地提高员工的情绪控制力、心理调节力，以及团队合作能力。

2. 管理者行为激励法

相关研究数据表明，当员工在报酬激励因素和社会压力下开展工作，其工作能力只能发挥 60%，其余 40% 的工作潜力需要管理者去激发。

3. 榜样典型激励法

俗话说，榜样的力量是无穷的。在员工激励中，绝大多数员工都是力求上进而不甘落后的。一旦有了榜样，员工就会有努力的方向和赶超的目标，从榜样成功的事业中得到激励。[②]

4. 奖励惩罚激励法

来自管理者的奖励是对员工某种良好行为的肯定与表扬，以使员工获得新的物质和心理上的满足。与此同时，还必须有相应的惩罚体系。

---

① 张玉娟．项目管理中的成本管理之我见 [J]. 软件：教育现代化，2013（06）：47–48.

② 张雪．浅析企业管理中员工的精神激励问题 [J]. 今日财富，2010（01）：67.

众所周知，管理者惩罚员工，肯定是对某个员工某种不良行为的否定和批评。当然，管理者的目的主要还是为了让员工从工作失误中吸取教训，提升员工的执行能力。

当然，管理者在激励管理时，需要把握一个尺度，只有奖励和惩罚得当，才有利于激发员工的积极性和创造性，同时也可以把批评或惩罚视为一种负强化的激励。

物质激励仅是较低层次的需要

成千上万的中小企业面临着本土巨头企业和国外跨国企业夹击的激烈竞争。在巨大的机遇与挑战下，让人尽其才，人尽其用，充分发挥员工的潜能，建立行之有效的企业激励机制就成为管理者亟待解决的问题。

我发现，激励问题一直是困扰我国企业发展的一个“瓶颈”，同时也是我国人力资源管理学界面临的一个重要命题。根据马斯洛需求层次理论，物质是人们较低层次的需要，当这一层次需要得到相对满足后，人们就会重视其他方面的需要，总希望得到社会和组织的尊重、重视和认可。[①]

物质奖励并不是最佳激励方式

在当下的企业较量中，由于竞争较为激烈，只有士气高昂的企业才能够赢得胜利，正所谓“两军相遇勇者胜”，勇者，胆识、士气也。在这样的态势下，士气低落的企业是无法赢得胜利的。

① 雷满恺. 用马斯洛的层次需要论来思考现代人内心归属感的缺失 [J]. 鸭绿江（下半月版），2015（06）：34.

著名管理顾问尼尔森为此提出，“未来企业经营的重要趋势之一是，企业经营管理者不再像过去那样扮演权威角色，而是要设法以更有效的方法，激发员工士气，间接引爆员工潜力，创造企业的最高效益”。

在尼尔森看来，以激发员工士气为目的的激励，需要全新的激励理念，而不是传统的物质激励。心理学上把员工的需求分为两大类，即物质需求和精神需求。物质需求是人类生存的最起码的条件和基础，而精神需求则是人类所特有的一种精神现象。对此，常见的激励措施有如下五个，见图 4–1。

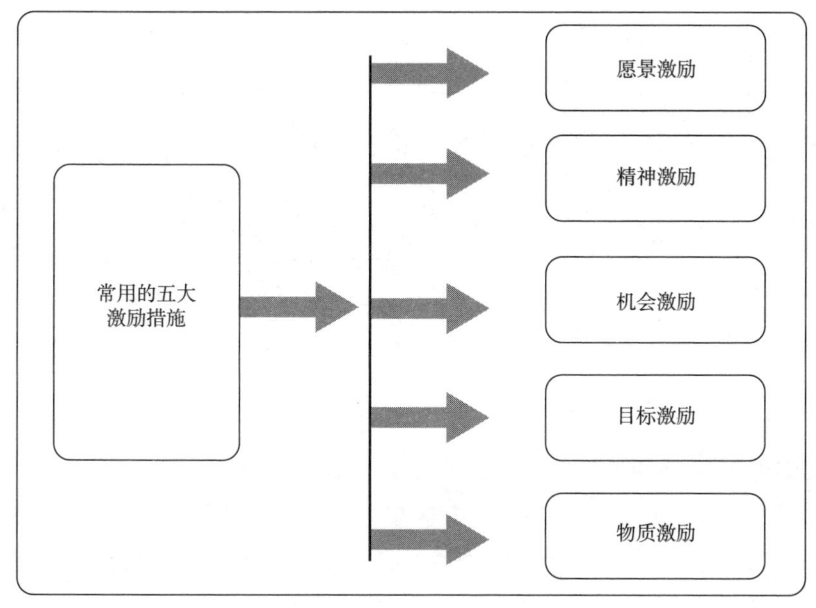

图 4–1　常用的五大激励措施

从图 4–1 中可以看出，物质激励只是其中的一个，要想实现激励效果最大化，就必须结合其他几个。在这里，我们要搞清楚什么是物质激励。所谓物质激励，是指管理者通过物质的手段满足员工的需求，从而进一步调动员工的积极性、主动性和创造性。

在物质激励中，一般包括资金、奖品等，通过满足员工的物质需求，激发员工努力工作的动机。马斯洛需求层次理论显示，处在底层的员工的生理需求和安全需求需要管理者对其进行物质激励，见图 4–2。

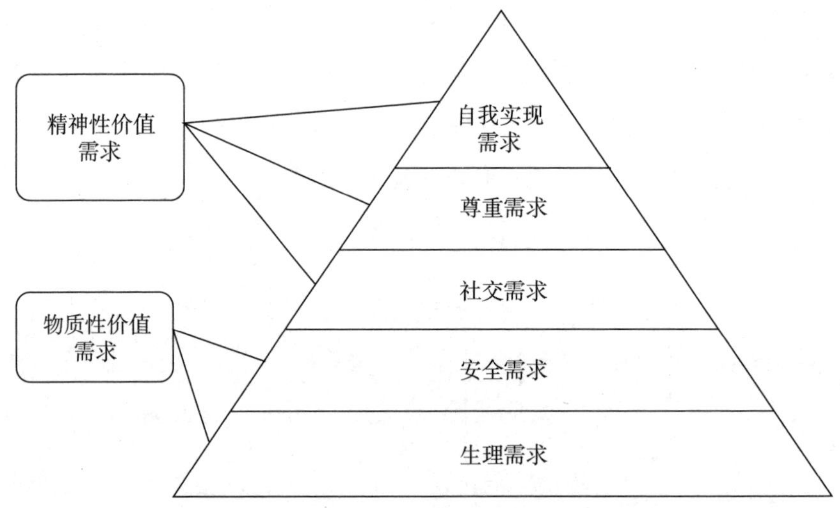

图 4–2　马斯洛需求层次理论的金字塔结构

物质激励并非越多越好

不久前，受 K 公司老板林俊的邀请，我给 K 公司讲授“中国家族企业为什么交不了班”。当我被林俊的秘书领进办公室时，看到林俊正在批评市场部经理徐海。林俊不仅咆哮了起来，甚至还狠命地拍着桌子说道：“要人给你人，要钱给你钱。你说员工需要激励，我就给员工发奖金、买奖品。你说员工累了，我就让他们带薪休假、组织他们出去旅游，但业绩怎么还没上去？”

被批评的徐海无言，默默地低下了头。见我已经走进办公室，林俊充满歉意地说：“周老师，让您见笑了。尽管我们企业是家族企业，也不至于家族企业都这样吧。您是研究家族企业的专家，正好可以给我们支支招，给我们企业把把脉。”

林俊的苦恼并非个案，这样的激励问题可能在很多企业中都存在。经营这些企业的老板通常非常气愤，甚至失望。客观地说，这些管理者在激励员工时已经尽了全力，可以说是倾囊激励。他们也时常反思，人力、财力几乎随叫随到，为什么业绩总是上不去？原因在于激励员工的方法不当。

在这里，我们讲一个故事就能够说明这个问题。

在南方，有一位杂技师傅养了八只猴子，杂技师傅与猴子商量：“早上起床时给你们三根香蕉，晚上再给你们四根香蕉，可不可以？”

八只猴子纷纷反对。杂技师傅又说：“既然不行，那我们换种方式吧，早上起床时给你们四根香蕉，晚上给你们三根香蕉，可以吗？”

八只猴子听后个个喜出望外，纷纷赞成。

在这个故事中，不管是朝三暮四，还是朝四暮三，其实给猴子的物质奖励都是一样多，而故事中的猴子似乎成了愚蠢的代名词。

当我们思考猴子选择朝四暮三背后的原因后就会发现，同样奖励员工时，管理者经常投入了大量资源，发了高额奖金，却无法使员工满意，与猴子朝四暮三的原因极为相似。

由于每个员工的价值观不尽相同，所期望被激励的东西也就有所不同。管理者一旦采用相同奖励来激励不同的员工，其激励的效果肯定是大相径庭的。因此，管理者必须深入研究不同员工的个性需求，找到他们期望被激励的需求，灵活多样地选择激励员工的方式，其激励的效果必然会大大提高。因为最恰当的激励才是最有效的激励，也是最好的激励方式。就像故事里的猴子，早上起床香蕉的多少是非常重要的，而晚上则可以不加考虑。同样是七根香蕉，朝四暮三就明显要比朝三暮四好很多。这样的案例在实际的员工激励中也不胜枚举。

为了更好地激励研发部的员工们，B 公司老板决定，将改变此前发奖金的激励模式——把一次性项目奖改为三年内从新产品利润中提取 5%。

在他看来，激励模式的变革，无疑会发给员工更多的奖金。根据财务部门的预算，如果将一次性发给员工的 10 万元奖金改为按年度从新产品利润中提取 5%，那么最后发给员工的奖金大约是 20 余万元。这样的增长幅度应该可以激励员工了。

可事实恰恰相反，B 公司的多名员工对老板改变奖金分发模式强烈反对，甚至考虑跳槽到其他企业。

经过人力资源部的调查发现，研发部的员工们更倾向于一次性获得 10 万元奖金，在这些员工看来，这样的奖金更可靠，也比较安全，更不需要承受市场风险。

这个案例给管理者的启示是，管理者选择合适的模式激励员工，将会大幅度提高激励的效果；管理者一旦选择错误的激励模式，不仅达不到激励员工的目的，相反还会起到负面作用。

对管理者来说，需要建立可选的奖励包，根据员工自己的需要进行搭配，而不是单纯地对员工进行物质奖励。所以管理者在采用物质激励手段激励员工时，应注意以下几点。

1. 要有配套的激励制度做基础

完善的激励制度是保障激励员工目标实现的基础。因此，管理者应建立一套制度，以减少不必要的内耗，使员工都能实现最佳的工作效率。

管理者应在事前就制定好物质奖惩标准并公之于众，同时形成相应的制度，绝对不能靠事后的“一时冲动”，心情好的时候就激励一下，心情不好时就作罢，如此激励肯定是起不到激励作用的。

2. 必须建立在公正、公开的基础之上，不搞“平均主义”

美国心理学家约翰·斯塔希·亚当斯（John Stacey Adams）经过大量调查发

现，人的工作积极性不仅与个人实际报酬多少有关，而且与人们对报酬的分配是否感到公平更为密切。人们总会自觉或不自觉地将自己付出的劳动代价及其所得到的报酬与他人进行比较，并对公平与否做出判断，公平感直接影响员工的工作动机和行为。

数据显示，当管理者实行平均奖励时，奖金与工作态度的相关性只有 20%，而当管理者进行差别奖励时，则奖金与工作态度的相关性能够达到惊人的 80%。

从某种意义来讲，动机的激发过程实际上是人与人进行比较、做出公平与否的判断，并据以指导行为的过程。公平理论研究的主要内容是员工报酬分配的合理性、公平性及其对员工产生积极性的影响。①所以，管理者在进行物质激励时必须建立在公正、公开的基础之上，对员工一视同仁，按统一的标准进行奖罚，坚持做到不偏不倚，否则，激励措施将会产生巨大的负面效应。

① 阳建国 . 亚当斯公平理论给我们的启示 [J]. 改革与战略，2001（04）：11–12.

第 5 章

惩罚很重要，但正强化更重要

在传统处分体制中，许多公司始终追求"罪罚相当"，完全依赖惩罚，将警告、训斥和无薪停职等惩罚当作保证员工遵守组织准则的前提条件。如果某个员工没有达到预期，就加以惩罚，直至该员工遵守为止。

管理者试图将惩罚和改造员工整合在一起，会出现两个负面激励：第一，把传统的处分体制生搬硬套到激励管理中，恶化员工与管理者之间的矛盾；第二，惩罚让员工服从，会导致员工照章行事，工作绩效降低。因此，只知道惩罚，不知道激励的做法是行不通的。

惩罚完随时给予正面激励

作为管理者必须清楚，惩罚员工并非激励员工的目的，而应该力求严肃认真，实事求是，处理得当。员工犯错，其全部责任并非都应归咎于员工，员工仅仅是一个执行者。为了减轻惩罚的副作用，管理者应当采取惩罚与正强化相结合的办法。在运用惩罚时，要告诉员工应该怎么做，在出现符合要求的行为时，随即给予正强化，肯定及巩固其行为。[①]因此，当员工犯错了，从企业系统或管理者身上来找原因，能更容易找到问题的根源。

我在撰写《中国家族企业死亡真相调查》一书时发现，在日本家族企业中，反向激励（即惩罚）员工的案例相对较少，企业通常采用年工序列制度和终身雇佣制，使得员工一辈子服务一家企业。因此，盲目的处罚起不到激励的正向作用。

---

① 常莉俊，谭波，张晗 . 组织行为学 [M]. 上海：上海交通大学出版社，2017.

只会惩罚员工的管理者是愚蠢的

几年前，《芈月传》的热播，激起了我们对春秋战国时代文化的讨论。可能观众们不知道的是，在秦国，比芈月影响更为深远的是倡导变法的商鞅，他是一个地地道道的追求严刑峻法的执行者。

深圳大学文学院教授、博士生导师王立新在《商鞅为什么能点燃“秦国梦”》一文中写道：“……为了说明令下如山倒，没有回转的余地，然后开始正式颁布法令。一年过去了，很多人都不习惯，说三道四，就连太子都违背了新法。商鞅不便直接惩罚太子，就对太子傅公子虔进行了刑事处罚，还把太子的老师公孙贾给刺了面。这一下人们开始害怕了，于是都开始认真遵守法令，以免受罚。新法实行 10 年以后，秦国境内路不拾遗，盗贼都收敛了行为，也不敢轻举妄动了。”

对此，王立新直言：“表面上似乎上下一心，事实上却更加离心离德了。再加上秦国变法奖励告奸，告奸与建立军功同赏，匿奸与叛国同罪。这样严苛的法律，使得人与人之间失去了最基本的信任。民心疏离，上下相蒙，社会风俗越来越坏。”

商鞅的做法值得当下的管理者反思，一味地惩罚未必是最佳的管理手段，必须加上奖励才能真正地激活员工的工作激情。我国员工研究专家赵丽蓉在接受《21 世纪经济报道》记者采访时说道：“苛刻的监管行为导致了更多的员工捣乱和违规行径，因为处分非但没有解决问题，改善绩效，反而会引发更多的破坏。”

有一次在内训课上，一个学员给我发了一个案例。

某公司是一家中型企业，200 多名员工在一间开放式的大办公室里一起办公。由于种种原因，办公室的灯和空调彻夜未关的问题频频出现。

面对这个棘手的问题，该公司行政部为此想了诸多解决办法。比如，刚开始时，贴了一张“人走请关灯”的温馨提示，其效果一般；其后，该公司行政部发出了一份言辞恳切的通知，通知大意是要求员工离开时关灯，其效果也不理想。

在几经努力之后，还是没有解决此问题，该公司行政部出台了一系列相关的处罚措施，初犯者罚款 100 元，二次犯规者罚款 200 元，以此类推，结果还是不尽如人意。

处分员工不仅没有解决员工的违规问题，提升其工作绩效，反而引发了更多的违规破坏行为。因为企业处分体制的目的旨在纠正员工的违规行为，而并不是火上加油，让原本正常的处分体制失效。

变惩罚为激励，使激励作用最大化

在企业管理中，是以激励为主还是以惩罚为主的难题常常会让管理者感到为难，而这涉及管理学中的 X-Y 理论。

X-Y 理论是一对基于两种完全相反的假设的理论。X 理论认为，在工作中，员工都有消极的工作原动力。其假设的依据是，人的本性是懒惰的，意味着工作量越少越好，甚至不工作更好。Y 理论则认为，员工在工作中都有积极的工作原动力。其假设的依据是，在工作上体力和脑力的投入与休闲娱乐差不多，工作是生活中的一部分，具有自我调节和自我监督的能力，人们自然也就不抗拒工作。就算没有来自管理者处罚的威胁，人们同样也会努力工作。因此，员工在工作中自觉遵守规定，愿意为完成集体目标而努力工作，同时也会发挥创造力，希望在工作中获得管理者的认同。

X-Y 理论还指出，大部分成员对组织（公司、机构、单位等）目标并不关心，缺乏进取心，只有在指导下才愿意接受工作。因此，作为管理者，需要对组织成员施加压力，不得不利用强迫、威胁、处罚、指导、金钱利益等诱因来激发组织成员的工作原动力。

翻阅相关资料，我们发现X理论和Y理论的人性假设分别如表5–1和表5–2所示。

表5–1　X理论的人性假设

序号	内容
1	人生来就是懒惰的，只要有可能就会逃避工作
2	人生来就缺乏进取心，不愿承担责任，宁愿听从指挥
3	人天生就以自我为中心，漠视组织需要
4	人习惯于守旧，本性反对变革

表5–2　Y理论的人性假设

序号	内容
1	要求工作是人的本性
2	在适当条件下，人们不但愿意，而且能够主动承担责任
3	个人追求满足欲望的需要与组织需要没有矛盾
4	人对于自己新参与的工作目标，能进行自我指挥与自我控制
5	大多数人都具有解决组织问题的丰富想象力和创造力

持X理论的管理者会选择严格的规章制度，旨在减少员工对工作的消极性；持Y理论的管理者通常会实施人性化管理，让员工个人目标和企业目标趋于一致，授予员工更大的权力，以激发员工对工作的积极性。在这里，我分享一个真实的案例。

2000年初，D初中毕业后进入城市打工，在一个叫久久饭庄的小饭馆当服务员，月薪600元。

一天中午，D正在给客人们点菜，无意间看见一个六七岁的小女孩，拎着一个大大的蛇皮袋，在饭庄附近徘徊。

小女孩发现D在看自己，胆怯地将地上的塑料空瓶拾起来放进蛇皮口袋里。就在这时，久久饭庄的王大宏怒气冲冲地嚷了小女孩，还恶语相加，同时又推了她几下，小女孩被吓得哇哇大哭。

见到小女孩大哭，D 下意识地把她拉出了店门，总算是替小女孩解了围。

当 D 下班时，此刻已经是晚上 10 点多了。

走出店门的 D 发现，中午在饭庄附近捡塑料瓶子的那个小女孩，还在那里站着。D 就问小女孩："你叫什么名字？为什么那么晚了还不回家啊？"

小女孩怯生生地答道："我……我叫许小红，我要捡塑料瓶……"

"为什么要捡塑料瓶？"D 又追问了一句。

原来许小红家里并不宽裕。许小红的妈妈死后，就随父亲和后妈从农村来到城市。许小红的父亲和后妈在一家私人企业里打工，收入微薄，而许小红年纪尚小，就靠捡垃圾赚点钱贴补家用。

许小红的父母不懂义务教育法，而许小红又很想上学，所以后妈告诉她，如果她能在这个夏天捡到 3000 个塑料瓶，就可以上学。所以，在这段时间，许小红必须要捡到 3000 个塑料瓶。

听完许小红的述说，D 心里五味杂陈。D 意识到，这分明是她后妈在故意刁难，根本没打算让许小红上学。

许小红告诉 D，有时候大街上捡不到塑料瓶，她就到小区里去捡，好心的老奶奶们知道原因后，会主动地把家里的塑料空瓶给她；有时候她也偷偷溜进餐馆里……

D 对许小红说道："今天已经这么晚了，我送你回去吧？"

D 陪着许小红回到了许小红父母租住的极其简易的房子，当 D 看到靠墙边整整齐齐地码起了一堆空塑料瓶后，许小红对 D 说："这是 1376 个，还差 1624 个。"

D 算了算时间，离开学还有十多天，如果许小红捡不到 3000 个塑料瓶子，后妈就不让许小红上学了。

D 沉思了一会，对许小红说道："这样吧，以后我把顾客们喝空的塑料瓶放到饭庄外面的垃圾桶里，你在外边就可以捡塑料瓶了。"

许小红使劲地点头，又一脸感激地望着 D 说："谢谢姐姐！"

为了帮助许小红上学，第二天开始，D下意识地把客人们喝空的塑料瓶投入饭庄外的垃圾桶里，中午放几个，傍晚再放几个，许小红就顺利地捡到了塑料瓶。

由于饭庄的生意非常火爆，该饭庄老板也没注意到小女孩捡塑料瓶的问题。10多天过去了，马上就是学校报名的日子，不知道许小红有没有攒够3000个塑料瓶，D很着急，于是多放了几个塑料瓶。

正当许小红准备离开时，饭庄老板一把夺过许小红装塑料瓶的袋子，呵斥道："这回被我逮到了，敢到我的饭庄捡瓶子，影响我的生意。滚！下次再让我见到，看我不打死你！"

其实，饭庄老板对许小红的举动已有所察觉，他想一定是饭庄有人故意把塑料瓶放到垃圾桶里的，这几天就留心一下，结果发现是D。

赶走许小红后，饭庄老板板着脸把D叫过去："D，没想到你吃里爬外。我这里不是慈善机构，你明天不用来上班了，这是你的工资。"

被辞退的D沮丧地从久久饭庄走出来，看见许小红蹲在离店不远的地方正哭得伤心，就赶紧走了过去。许小红边哭边说："那8个塑料瓶要是不被老板夺走，加起来正好3000个，明天我就可以上学了，可现在……"

D没有告诉许小红自己因为她丢了工作，只是对她说："你回去吧，8个塑料瓶明天早上一定给你送过去。"

与许小红分开后，D来到一家露天大排档，看看能不能捡到8个塑料瓶子。就在这时，D发现邻座有个戴眼镜的文质彬彬的中年男子桌上就有8个塑料瓶。D想把他身边的塑料瓶拿过来，可她刚伸出手还没抓到塑料瓶，就被该中年男子发现了："你干什么？"

D不高兴了，于是跟中年男子吵了起来。

而他们不知道的是，一直在暗中拍摄的县城电视台把D的这些生活片段都录制了下来。

事情是这样的，当许小红不经意地进入电视台记者周涵所住的小区捡塑料瓶子时，周涵就开始暗中拍摄许小红捡瓶子。当周涵发现热心的D因为帮助许小红而被老板辞退时，周涵立即联系领导，征求如何处理时，领导给予指示，继续暗中拍摄，其后领导会处理。

第二天，电视台播放了 D 帮助许小红的新闻，而一中年男子知道真相后，通过电视台邀请 D 到自己公司担任后勤部经理。

十多年后，D 已经成为大名鼎鼎的职业经理人，而许小红大学毕业后，为了感恩，也加入该公司，并升任该公司的高级经理。

当我分享上述案例时，学员对此进行了长达 30 分钟的讨论，最终得出结论，激励管理必须将物质激励和精神激励并用，做到赏罚分明，同时也必须尊重人性。

从不同角度看激励

通过一些激励措施，让员工的动机更加强烈，释放出潜在的内驱力，为实现企业目标而努力地工作，是管理者一项重要的工作。

从管理学角度看，激励是指激发、鼓励、调动员工的工作热情和积极性。其中的激发，就是指通过某些刺激手段使员工努力工作。

从激励的诱因和强化的观点来分析，激励是指将外部适当的刺激转化为内部心理的动力，有效地增强或减弱员工的意志和行为。

从心理学角度看，激励是指激发员工的动机系统，使其处于一种活跃的状态，对行为有着强大的内驱力，促使他们为了期望和目标而努力。[①] 对此，美国管理学家贝雷尔森（Berelson）和斯坦尼尔（Steiner）指出，“一切内心要争取的条件、希望、愿望、动力等都构成了对人的激励，它是人类活动的一种内心状态”。

在贝雷尔森和斯坦尼尔看来，激励对员工的行为产生激发、推动、加强的作

① 曲莉 . 探析现代人力资源的需求激励 [J]. 中国石油和化工，2010（11）：64–65.

用，同时指导和引导员工的行为达到期望的目标。

为此，美国哈佛大学教授威廉·詹姆斯通过对员工的激励研究发现，实行计件工资的员工，其能力只发挥20%~30%，仅仅是保住饭碗而已，而在其受到充分激励时，其能力可发挥至80%~90%，其中50%~60%的差距是激励的作用所致。[①] 这组数据足以说明，管理者通过隐性激励的管理手段，可以充分地发挥员工的技能和才华，保证工作的有效性和高效率。

隐性激励同样值得期待

根据西方经济效用理论，在给予员工高薪之后，其边际效用时常随着收入的增加而导致满意度降低。依据劳动与薪水产生的替代效应和收入效应，对于高工资的员工而言，收入效应可能超过替代效应。

在这样的情况下，盲目地增加薪水可能会起到相反的作用，因为工资的增加反而会使劳动供给下降。这意味着管理者实行以物质利益为主的显性激励，其作用同样存在着有限的边界，尤其对于职业经理人来说更是如此。作为管理者，隐性激励的具体操作步骤有如下几个。

1. 经营层实施隐性激励

与薪酬、职位晋升、权力激励等显性激励不同的是，隐性激励表现为地位激励、声誉激励、发展激励、精神激励、情感激励等非物质性的激励方式。

管理者在激励管理中必须注重经营层，具体有如下三个方向。

（1）公平的竞争环境。管理者在选择经营管理人才时，最好能形成“能者上，庸者下”的用人机制，尽可能地让员工参与公平的竞争，晋升者能感受到正激励，

① 斯蒂芬·罗宾斯．管理学[M].孙建敏，等译．北京：中国人民大学出版社，2008.

即使没能晋升也能感受到负激励，有效地激励员工发挥自我潜能，提升工作激情。

（2）健全的社会评价体系，肯定经营人员的人力资本价值。在激励业绩优秀的员工时，既要让他获得高额收入的回报，同时还要赢得管理者的尊重与承认。

（3）名誉激励。企业高层管理者可以优秀管理人员的名义，在某些学校设立奖学金或者对某些社会福利机构进行公益捐助，抑或以优秀管理人员的名字命名某项研究成果等。企业高层这样做的目的也是为了激励企业经营人员。

2. 操作层实施隐性激励

在激励管理中，操作层的隐性激励主要有情感激励和精神激励两个方向。

（1）情感激励

情感激励是指管理者通过建立与员工之间和谐、友好的感情关系，调动员工工作积极性的一种激励方法。情感激励通常不是以物质利益或精神激励为刺激工具，其最大特点在于，管理者关心员工、帮助员工、尊重员工。

情感激励让被管理的员工处处感到自己受到管理者的重视和尊重。因此，管理者采用情感激励来激发员工的工作积极性，应做好如图 5–1 所示的三个方面的工作。

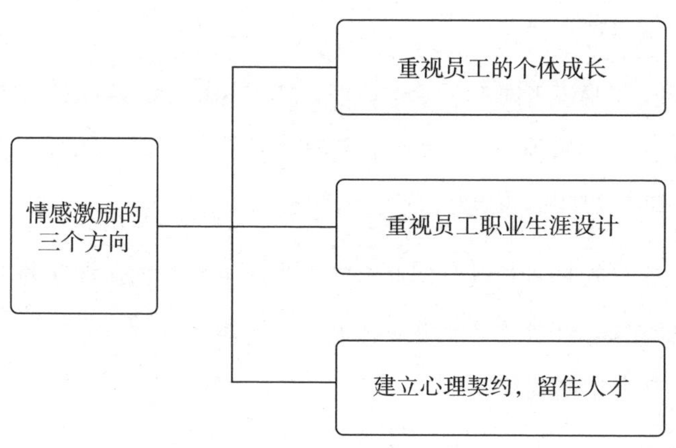

图 5–1　情感激励的三个方向

在情感激励的实施过程中，管理者必须充分了解员工的个人需求和职业发展意愿，重视员工的个体成长和职业生涯设计，为员工提供适合其需求的晋升道路，把员工的个人发展与企业的可持续发展紧密地结合起来。

不仅如此，管理者还必须建立心理契约，尽可能地留住核心人才。当然，很多管理者倡导的“薪酬留人”策略，在某个时间段内还能起到一定的作用，却不一定能提升员工的忠诚度。

在现代管理中，管理者要想有效地激励人才，就必须建立在“可雇性”基础上的新雇佣契约。如果想让人才尽力地保证自身和所属部门或企业的竞争力，那企业就必须保证不断地为人才提供最好的训练和资源，以及专业的成长机会，才能使激励的作用最大化。

因此，这种心理契约的建立与履行，无疑将提升人才队伍的相对稳定性与忠诚度，非常有利于企业的持续稳定发展。

（2）精神激励

在激励管理中，精神激励主要表现在以精神力量的吸引力或推动力，激发员工自身的推动力，把企业目标变成员工个人的目标。精神激励可分为信任激励、工作激励和荣誉激励三种。

信任激励是指管理者对员工给予信任、托付和重用，从而让员工有一种被信任感，焕发出内在的精神力量。当然，管理者在实施信任激励时，应该注重沟通与心理交流，注重对员工的信任与尊重，注重民主管理。

工作激励是指管理者通过合理地给员工分配工作，创造良好的工作环境来激发员工的工作热情。在管理者实施工作激励时，需要强调适当的授权，同时还必须注重员工的职业生涯规划。

荣誉激励是指管理者根据员工希望得到企业、社会的尊重的心理需要，对为企业做出贡献的员工给予一定的荣誉，以便其他员工能以此为目标而努力工作。

激励员工忌采取无效机制

在很多企业中，无效激励管理现象并不少见。当然，造成这种管理低效，甚至负效问题的因素有很多，其中最为关键的一点是企业内部缺乏有效的激励相容机制。

正是这种无效的激励机制，可能会引起员工的强烈不满，甚至是消极怠工。北京华夏圣文管理咨询公司资深培训师汪洋在接受《中国经营报》采访时谈道："管理者在对员工采取无效的激励机制时，最尴尬的结果就是：花了钱，反而换来了人心离散。"

激励机制不完善，肯定是制度的错

随着世界经济一体化的推进，当跨国公司进入我国市场时，我国企业将不得不面临短兵相接的竞争，人力资源将成为本土企业与跨国公司争夺的战略资源。此刻，本土企业也不再像过去那样把人力资源当作一种成本，甚至是负担。为了留住和吸引人才，一些企业开始大胆尝试各种激励机制。

在人力资源保卫战中，企业引入激励机制的目的有如下三个。

1. 人力资源是企业生存与发展的战略性资源

对任何一家企业而言，人力资源都是至关重要的、赢得较量的关键因素。当然，企业引入激励机制的目的主要是为了提升企业劳动生产率和员工对工作的满意度，激发员工的工作激情，有效地形成企业凝聚力。企业只有制定一系列与规章制度相配套的激励机制，才能激发和保持企业可持续发展的原动力。

2. 完善的激励机制可以调动员工的工作积极性，从而提高工作绩效和岗位效率

在许多企业中，有些工作技能娴熟的员工的绩效明显低于新员工，这也就意味着绩效水平不仅仅取决于员工的个人能力，还与企业的激励机制有关。

3. 激励可以挖掘员工个人的潜力，提高人力资源质量

作为管理者，挖掘员工个人潜力是非常重要的，特别是在生产和管理过程中，其作用极为重要。

由此可见，完善的激励机制是激励管理的重要法宝，也是挖掘员工个人潜力的重要途径。从上述引入激励机制的三个目的可以看出，越来越多的企业开始运用激励手段来开发和管理人力资源。然而，对于有些企业而言，激励机制的引入依然还很陌生，目前仍处在一个相对初级的探索阶段。

在给企业做内训的过程中，我发现很多企业老板都在自己办公室里购置了上百本管理类图书，甚至有的老板还购置了我写的多本书。

客观地讲，企业老板研究国内外成功的管理经验是非常可取的，但是，有些企业老板只不过是为了赶时髦，装装门面而已。

有家企业的老板邀请我去做内训时，我发现老板因为盲目地使用无效激励机制激励员工，使得员工们怨声载道。

老板无奈地问我："周老师，我为了激励员工，可是花了不少钱来购买图书，也研究了一些激励方法，觉得不错。可是在具体操作时，现在所有员工都在反对我实施的激励措施，您说我冤不冤。早知道这样，我还不如不激励他们。"

这家企业的老板的抱怨虽然有一些道理，但问题还是出在他身上。由于很多中小企业的规模发展过快，往往导致企业管理制度跟不上，也就制约了中小企业做大做强。

在所有管理问题中，员工激励问题往往最为严重，这不仅让企业老板感到棘手，同时还关系到企业发展壮大，甚至生死存亡。

因此，激励制度的科学与否，直接影响人力资源管理的作用。当激励制度成为有效激励时，该激励制度就能解决人才忠诚度和效率问题。所以，完善和发展企业激励机制也成为现代企业一个不可跨越的重要课题。

激励制度不能忽略员工归属需求和成就需求

激励就如同一把双刃剑，如果用得好，其作用会大大超出管理者激励员工的期望；相反，就会像前面提到的企业老板那样抱怨激励不如不激励。

W 公司是南方某市一家大型企业。该公司的主要业务是生产其他电器配套的机电部件。

20 世纪 90 年代，由于该企业的经营权和所有权常常发生矛盾，在 1994 年到 1997 年这四年时间内，W 公司的市场占有率一直停滞不前。

1998 年初，W 公司实施了企业改制。此后，凭借出色的技术实力，W 公司的产品逐渐占据了当地较大的市场份额，而且还有一定数量的出口，一时成了纳税大户。

但是，随着市场规模和份额的不断增加，W 公司的管理制度却没有跟上，内部管理出现一系列问题也就在情理之中。

在 W 公司，员工的工作条件和薪酬都优于其他企业，但 W 公司的管理人员、核心技术人员，乃至熟练工人都在被竞争者挖墙脚，而留下的在岗员工也大都缺乏工作责任心。W 公司生产的产品不合格率大幅攀升，严重地影响了公司的发展乃至生存。

为什么会出现这样的问题呢？我们从下面这个具体事例就能窥见 W 公司的人

力资源管理和员工激励方面存在的问题。

在改制时，W 公司仍然保留了员工的原国家事业单位编制，这样使得 W 公司的员工存在三种不同身份：工人、在编职工和特聘员工。

对于这三种身份，W 公司总经理 K 是这样解释的：

第一类，工人。招聘工人的渠道主要是人才招聘市场，其中外来务工人员居多。

第二类，在编职工。主要是公司技术骨干和管理人员，其中一部分是改制前的职工，一部分是改制后聘用的。与工人的最大区别是，在编职工与 W 公司正式签订过劳动合同，属于国家体制内职工。

第三类，特聘员工。特聘员工不同于工人和在编职工，主要是 W 公司从社会各个渠道招聘的高级人才，分为专职和兼职，不属于国家体制内职工。

1998 年 6 月，W 公司的业绩取得了阶段性成果，在给员工们发放奖金时，由于工人和在编职工的奖金是公开发放的，所以没有什么争议。

然而后来争议还是出现了。K 打算更好地激发特聘员工的工作积极性，于是就暗中给其发放红包，其奖金的数额却是在编职工的 2~3 倍。

K 的做法大大挫伤了所有员工，特别是特聘员工的工作积极性。对于工人和在编职工而言，他们感到 W 公司没有把他们当作“自己人”，特聘员工的红包不公开，至少比他们拿得多得多；而特聘员工却认为，在编职工暗中拿到的红包数额肯定比自己多更多，自己的辛苦付出没有得到应有的回报。

企业激励机制的不完善会严重导致人才的流失。在上述案例中，W 公司在编制上就把员工人为地分成三类，再加上采取了暗地里给特聘员工发红包，激化了员工与公司的矛盾，从而导致组织效率下降和优秀人才流失，阻碍和制约组织的中长期稳定和持续发展。其中的问题有如下几个。

（1）简单地把经济利益作为激励手段来驱动员工的工作积极性，且作为唯一手段，由此忽略了员工归属需求和成就需求，导致整个激励失去了应有的效用。

（2）缺乏一种稳定的、有连续性的行为规则，极易导致员工感受到企业在对待不同人员时缺乏公正。

（3）管理者由于没有认真分析员工的各项工作，在岗位设置方面又缺乏科学性，甚至在招聘员工时缺乏相应的预测和规划。

（4）在此案例中，管理者将其与员工的关系视为契约关系，重视工作，但不重视人际关系，企业则缺乏管理者与职工、职工与职工相互沟通的机制。由于员工得不到对自己行为评价意见的及时反馈，工作的激情衰减很快，加之考评中采用"强制分档，末位受损"的危险规则，员工不仅得不到"激励"，反而衍生出许多新的矛盾，员工对工作不满意也就在情理之中了。[①]

从 W 公司的案例我们可以看出，企业人才流失的原因有很多，但 W 公司缺乏科学合理的激励机制是造成人才流失的主要原因。管理者需要正确地运用激励管理手段，更加有效地提高激励的效率，从而达到人力资源管理中预先设定的目标。

以员工绩效为依据，奖惩有理有据

要想发挥激励的积极作用，就必须重视人力资源管理，特别是制定完善的激励机制，因为人力资源管理不仅是一门科学，更是一门艺术。

管理者在重视员工激励的同时，必须根据实际情况，综合运用多种激励机制，把激励的手段和目的结合起来，改变传统僵化的思维模式，真正建立起适应企业特色、时代特点和员工需要的完善的激励体系，从而使企业在激烈的市场竞争中

① 黄玉英，余克艰 . 激励员工要讲实效 [N]. 市场报：第六版，2002–08–22.

立于不败之地。[①]

1. 制定激励机制时必须考虑公平原则

对于任何一个合理的激励机制而言，要想使激励制度更加科学，首先要将其建立在公平原则基础之上。不可否认的是，要想使激励机制更加公平，就必须广泛地征求企业所有员工的意见，从而制定出一套大多数员工都认可的制度，并将该激励制度公开，同时还要严格按激励制度执行并长期坚持。

2. 制定激励机制时必须体现制度的科学性

在制定激励机制时必须体现该制度的科学性，这就要求管理者在制定激励机制之前必须系统地分析、搜集与激励有关的信息，全面了解员工的需求和工作质量的好坏，根据实际情况的改变制定出相应的激励制度。[②]

3. 奖惩有理有据

在制定完善的激励机制时，必须将其充分建立在以员工绩效为依据的基础上，对员工进行有理有据的奖惩，这样才能起到激励员工、提高工作积极性的目的。

对此，研究专家王雅蓉在《论企业激励机制的完善途径》一文中谈到，公正、合理的绩效评估体系应包括以下几个方面的内容。（1）绩效目标是建立在认同和信任的基础上的，员工参与绩效目标的制定，并通过管理沟通形成绩效承诺，让每个员工理解公司的目标和价值观及其与个人职责之间的关系。（2）在对员工进行评估时，应从环境、过程和个人这三个方面进行考虑，对员工绩效成绩的评估应该包括是否获得预期效果的主客观两方面原因的报告。通常，影响员工工作绩效的因素是多方面的，不能片面地把员工绩效的好坏归因于员工个人因素。（3）对相关员工的反馈考核要力争达到“360 度”。只有这样，才可以有效地避免传统

---

① 李岩 . 浅谈现代企业的激励机制 [J]. 中国高新技术企业，2007（03）：50–51.

② 梁燕君 . 浅谈激励理论在企业人员管理中的应用 [J]. 人力资源管理，2017（11）：148–149.

考核只是主管对员工的单向考核，避免员工与主管之间的冲突，使考核结果更加客观、全面。（4）合理应用绩效评估结果，激励员工改进绩效。绩效评估的最终目的是为了改进和提高员工的绩效。绩效评估体制实施成功与否，关键在于绩效评估结果的应用。[①]

4. 建立科学合理的奖惩制度

建立科学合理的奖惩制度，首先必须要在奖惩的数额上适当地拉开差距，不能大搞平均主义；其次，管理者必须按照人才实际工作能力和工作业绩为依据，制定出公平、合理的奖酬分配制度，让人才自己觉得获得的奖励无论是同自己所做的贡献相比，同他人相比，还是同企业做出的承诺相比都是公平的，这样才能使之成为激励动力而不是阻力。[②]

---

① 王雅蓉 . 论企业激励机制的完善途径 [J]. 管理观察，2010（10）：135.

② 闫宝义，任航 . 高科技企业员工管理中的激励机制 [J]. 企业研究，2006（07）：52–53.

第6章

商鞅立木取信，激励承诺需兑现

在我国关于管理的故事中，商鞅立木取信的故事可谓家喻户晓。在该故事中，商鞅为了实现重诺的形象，支付扛木头者五十两黄金，其代价可以说是相当高的。但与商鞅推行的变法相比，此次付出的成本就相对较低了，其换来的是百姓对变法的信任，这是万金都难买到的。

商鞅立木取信的故事给管理者的启示是：在激励过程中，管理者激励员工的基础就是诚信，一旦失去了诚信，激励就没有任何效果。

简单地说，管理者在激励员工时，对员工激励时所做出的承诺一定要兑现。当管理者激励承诺兑现，即使最后激励少一点，员工也没有怨言。一旦员工对管理者失去信任，想让员工对管理者重拾信心就难上加难了，即使加倍补偿也很难有效果。如果商鞅不兑现承诺，那么就再也没有人相信商鞅的变法了。

遗憾的是，两千多年前的商鞅都知道的道理，今天的管理者却不明白，在激励员工时总是漫天承诺或者开空头支票，结果使得激励费力不讨好，枉费了一番心思。

画饼充饥的本质是“作茧自缚”

一旦管理者在激励过程中总是开空头支票，那么有的员工就会觉得前途无望，要么辞职另寻东家，要么就是“非暴力不合作”式的抵抗，这将严重地破坏员工和企业之间的心理契约。

反观管理者的员工管理，许多管理者为了完成业绩目标，总是给员工“画饼充饥”，与情感管理背道而驰。

在员工看来，但凡管理者不能兑现承诺的激励，都是无效的激励。一学者在《凡是不能兑现承诺的激励都是耍流氓》一文中指出：“画饼充饥的本质是忽悠员工，从短期来看，可能有一定效果，但从长期来看，最终忽悠的是管理者自己。所以说，企业不能随意给员工画‘饼’，当你给下属画‘饼’时，要有能力给

‘饼’，画‘饼’不给‘饼’，属于空激励，久而久之，激励的效果会适得其反。”

激励员工不能漫天承诺或者开空头支票

在管理实践中，管理者激励员工本是一件双赢的事情。然而，我在给一些企业做内训时发现，一些管理者由于总是开空头支票激励员工，结果使得激励变成了一件影响极其恶劣的坏事情。

在经济新常态下，对于G科技公司的销售总监王成海来说，销售压力越来越大，特别是一到旺季，王成海就心急如焚。

面对棘手的任务，王成海还是想给G科技公司交上一份令人满意的答卷。于是，他就号召市场营销部的所有成员一起共同奋斗。在这期间，他也会对个别员工进行“特别”鼓励。

2016年夏天，G科技公司的销售旺季又开始了。为了抢占更多的市场份额，王成海私下召开了几次动员大会，激发销售员们的工作热情，并对销售员承诺说：“诸位，我们辛苦干完这100天，旺季过后我们去贵州旅游，去看看遵义会议纪念馆，了解一下毛主席是如何四渡赤水的，同时请大家喝凤冈锌硒茶。”

面对销售总监王成海激情洋溢的动员令，下属的士气大为鼓舞。尤其是李易，当听到王成海拍拍他的肩膀说“你在这里好好干，旺季结束后我提拔你做部门经理”的话后，拼命地打电话寻找客户签合同。

经过销售员的一番奋斗，G科技公司的销售业绩达到2015年同期的230%。虽然销售业绩已完成，但是王成海却没有兑现之前的承诺，去贵州旅游也未能成行，更有甚者，王成海把老板奖励给市场营销部的佣金和奖金中饱私囊，仅仅拿出一小部分发给销售员，自己却独占了大头。

业绩大增，王成海也没有兑现当初的激励承诺，特别是李易，在苦苦地等待三个月之后，主动地找王成海评理。让李易气愤的是，王成海对李易说：“对不起，我没说过那话，你听错了。”

气愤的李易回到办公室，将王成海没有履行的激励承诺在同事们面前一一举出，同事们都觉得被王成海戏弄了。越想越气恼的销售员们最后决定集体辞职。三个月后，G 科技公司由于大量客户被销售员带走，濒临倒闭。

当员工完成预期的业绩时，管理者必须兑现之前的承诺，否则会激发员工的怠工情绪。反观上述案例，由于销售总监王成海不兑现激励承诺以及奖励的分配不公，招致了销售员们的“集体造反”。一旦遭遇下属员工集体辞职，那么不管销售总监，还是其他部门的领导者，其地位必然岌岌可危。

在员工激励的问题上，管理者应当注意，在对员工许诺激励时常犯“虚开空头支票”的错误。

当这种激励的承诺没有兑现时，员工势必会辞职或者报复，这就引发了激励的另一个极端的大讨论。对此，湖北尊而光律师事务所的范晓雪律师分析称，口头约定和书面协议其实一样有效，只是口头协议通常很难证明约定的存在以及约定的内容。

空头承诺可能激化员工和企业之间的矛盾

由于很多中小企业制度不够完善，当某些员工做出业绩时，管理者一般都会口头承诺许多奖励，如给员工加薪、晋升等。然而，若承诺始终都不兑现，结果终会招致所有员工的不满，最后元气大伤。在《中国家族企业为什么做不大》培训课上，一位学员讲述了自己创业前的一段经历。

因为性格比较文静、内向，加上偏向于稳定的工作，大学毕业后我应聘到一家公司做文员。

在面试时，我与公司老板谈好了大概的工作内容和薪酬待遇。尽管在试用期的月工资只有1100多元，但是老板承诺，只要过了试用期，转正之后月薪就是2300元。

在我终于过了试用期，兴冲冲地拿着表格到老板办公室申请转正时，我与老板谈了很长时间，老板当场指出了我在工作中出现的很多小问题。

在谈话结束时，老板说："原先2300元工资的承诺是给特别优秀的员工，但从试用期来看，你的能力只能算是合格，所以只能给1600元工资。"

在我看来，老板当初承诺的2300元的月工资没兑现，比承诺时少了700元，为此，我感到非常不高兴。

没过多久，老板的承诺又一次没兑现。就在一个星期前，老板让我准备ISO（国际标准化）的资料，让我做ISO评估的负责人。但是在ISO培训时，老板却没让我参加。为此，我跟老板大吵一架之后，辞职创业了。

在我辞职创业后，原公司近一半的员工都加盟了我的新公司，结果原公司元气大伤，如今已进入破产边缘。

在本案例中，公司老板两次口头承诺，到后来却都没兑现，以至于员工辞职去创业，结果一呼百应，原公司一半员工都加盟，使得老板众叛亲离，原公司也陷入岌岌可危的境地。

作为管理者，这样的做法绝不可取，给员工的承诺一定要兑现，这样才能有效地管理员工。

承诺不兑现的根本原因

对于任何一家企业来说，员工的流动都是正常的，但流动也是有规律的。一般来说，但凡作为企业的核心员工，都是管理者想方设法留住的，通常也给予其不菲的薪酬，然而他们为什么还要离职呢？

员工离职的原因非常多，其中一个很重要的原因就是管理者的承诺和兑现工作没有做好，甚至没有兑现。在很多管理者看来，尽管嘴上说人才是企业的宝贵财富，但私下则认为“三条腿的蛤蟆不好找，两条腿的人有的是”。

在激励管理中，管理者许诺的方式多如牛毛，千差万别，如书面协议、口头允诺、心灵契约、正规发文、当众宣读、私下商议等。

管理者之所以允诺团队成员，往往基于以下三个背景：

- 事情未成，管理者急需事成；
- 仅仅凭借管理者独自的、现有的力量无法完成；
- 允诺的对象完全有能力完成。

正是基于这样的背景，管理者迫不得已允诺。既然员工帮管理者完成了任务，为什么事后管理者又不兑现当初的承诺呢？

究其原因，管理者代表的是资本的利益，是由管理者的社会属性决定的。一般地，社会属性包括管理者个人的价值观、品德修养、大众的判别标准、政策法律环境，以及自己的实力和势力等。①

从自然属性来分析，所有的管理者其实差别不大，差别较大的是其社会属性，正是这个社会属性决定了管理者的管理风格和激励方式，即自然属性决定了管理者不想兑现其曾经的承诺，而社会属性则决定了管理者兑现承诺的多寡。

① 景素奇 . 老板该如何向核心员工许诺 ?[J]. 中外管理，2004（04）：87–89.

激励承诺必须明明白白

管理者屡屡食言，十有八九不能兑现承诺的原因是，管理者在承诺时往往只考虑某一纵向领域的发展，忽视了横向发展的困难，加上难以预测，甚至是预测不到，发生偏离的可能性就在所难免。

例如，管理者当初之所以许诺给研发部 1000 万元的奖金，是源于管理者的评估。当某款产品研发成功后，其总收益是 1 亿元，就算是承诺兑现，公司还能获得 9000 万元的利润。

由于市场的变化，管理者预测的市场已经被竞争者占据，加上产品研发的复杂程度和难度远超预期，寻找更有能力的人和拥有其他方面能力的人来完成研发，无疑就会付出更多的成本。待新产品研发成功之后，项目总收益是 1000 万元，承诺的奖励加上研发等成本就达到了 2000 万元，管理者显然不可能履行最初的诺言。鉴于此，管理者在避免自己失信于下属员工的方法有如下几个。

1. 绝不轻易向员工承诺

一些管理者经常顺口承诺员工一番，过后就忘了。相比管理者，员工对管理者的承诺是不会忘记的，反而会铭记于心。因此，作为管理者，在向员工承诺时，要注意两点：第一，不要轻易向员工承诺，若承诺就必须做到慎之又慎，或到开年终总结大会时公开问大家有没有尚未兑现的承诺；第二，管理者尽可能地做好备忘录，有据可查，做到防患于未然，避免承诺后不兑现而失信于员工。

2. 在向员工承诺时，作为管理者要留有余地，不要把承诺说得过满

管理者在向员工承诺时，尽可能地给自己留下余地，不能说得过满，给员工最多的承诺不要超过力所能及的 80%。管理者这样做的好处有如下两点：

- 以防万一，尽可能地把承诺的内容控制在能力范围之内，给自己留有回旋的空间；

- 一旦超出员工的心理预期，其工作动力会更强。

举个例子，如果管理者给员工的承诺是 2 万元，员工得到 2.4 万元，那么员工的动力会更强；如果承诺给员工 2.4 万元，员工也得到了 2.4 万元，员工就会觉得这是理所当然的；如果承诺给员工的是 3 万元，员工只得到 2.4 万元，员工会认为管理者存心欺骗。

在这三种方式中，员工同样得到了 2.4 万元，但效果却相差很多，关键就在于管理者在承诺和兑现的二者关系中处理得是否得当。

3. 管理者对员工的承诺必须明明白白、清清楚楚

在激励工作中，管理者完全不向员工承诺是不可能的事情。相关心理学研究证明，任何一个员工都需要来自管理者的激励。可以肯定地说，在激励管理中，管理者的承诺无处不在。不过，也没有必要担心，管理者在向员工承诺时把握一条原则就行——向员工的承诺条款明明白白、清清楚楚，绝对不能含糊其词。

同样一个承诺，不同员工对其理解得出的结论千差万别，即使同一员工在不同的环境、不同的心境下理解也都不一样。不管员工如何理解，其共性都是朝着对自己最有利的那个方向去理解。因此，管理者在承诺给员工奖金或者其他奖励时，必须讲得清清楚楚、明明白白，尽可能地不让员工的理解产生偏差和歧义。

4. 管理者对员工承诺时谨防“隐性承诺”

在激励管理中，管理者千万不要许下“隐性承诺”。所谓隐性许诺，是指管理者虽然没有明确地承诺给员工，但是员工却认为管理者已经承诺，一旦管理者没有兑现，员工就认为管理者没有兑现承诺。

一般地，造成管理者向员工隐性承诺的原因有以下两个方面。

（1）在某一特定的条件下，管理者曾给予员工某些额外的奖励，但是管理者

却没有声明当时环境的特殊性，员工就误认为只要自己同样做到了该业绩，就应该获得同样的待遇。

（2）管理者在肯定员工的工作过程中夸大了员工个人取得的工作业绩。一旦管理者缺少激励管理的方法，仅仅是片面地肯定员工的工作业绩，没有适当地指出员工在工作中存在的不足，那么员工对自己的个人评价就会很高，甚至会盲目地自信，觉得自己是企业的核心骨干，一旦离开，企业就会倒闭，因此应该得到更多的奖励。此刻，管理者如果没有适时地纠偏，就等于已经给予员工承诺了，一旦管理者没有给到员工认为自己应该得到的奖励时，员工就会觉得管理者不兑现承诺。鉴于此，管理者在肯定核心员工的成绩时，也要适当地提一下核心员工的不足，降低核心员工的心理预期。

5. 管理者在激励员工时有些条件不可以轻易承诺

具体有如下几个。

（1）股份。股份问题可能会引发控制权之争，有些创业者在创业初期，把股份赠送给员工，一旦企业做到一定的规模，很容易导致股权纠纷。

（2）职务。在处于创业期的企业，特别是创业初期，由于没钱聘请高级职业经理人，理所当然地会把职务许诺给员工。一旦企业形成规模化，此刻就需要更高级的职业经理人，当需要引进高素质的职业经理人时，却发现职务已经许诺给某员工了。

（3）高额分红提成。在管理者不了解财务知识的情况下，有些财务成本容易忽略，导致高额分红提成这项激励会使运营成本大幅度提升。

（4）重大物质奖励。这项激励会提高企业的经营成本，甚至可能出现无法给予更高的奖励，或者通过重大物质奖励已无法起到激励员工的作用的情况发生。

合理利用企业内部晋升通道，让员工更有归属感

从广义上说，内部晋升是员工实现自我价值的一部分。然而，有些管理者缺乏战略规划，使得内部晋升通道受阻，一些员工因为得不到高层级需求的满足，也就另谋他就了。因此，一旦管理者漠视内部晋升的激励作用，无疑会打击员工的工作积极性。

根据赫茨伯格的双因素理论，内部晋升激励应属激励因素，能使员工获得满足感。对员工不要太吝啬一些头衔、名号，一些头衔、名号可以换来员工的认同感，从而激励员工的干劲。①

内部晋升的员工更有归属感

在很多场合下，一些管理者总是辱骂员工缺乏忠诚度，以至于被竞争对手高薪挖角。而这种现象的发生说明了一个问题，那就是管理者没有给予员工足够的归属感。

阿里巴巴创始人马云曾坦言："员工的离职原因林林总总，只有两点最真实：一是钱，没给到位；二是心，委屈了。这些归根到底就一条：干得不爽。员工临走还费尽心思找靠谱的理由，就是为给你留面子，不想说穿你的管理有多烂，他对你已失望透顶。仔细想想，真是人性本善。作为管理者，一定要乐于反省。有人问我，公司经常出现一年以上工龄的员工离职，怎么办？事实上，一年以上三年以下的员工离职，从概率上来说是会多一点的，所以也不要太紧张，因为员工从充满激情到发现不是那么回事，肯定会有一些想法的。"

在马云看来，员工离开，一定是管理者没有做到位，这是需要反思的。我们

① 谢萍，孙倩 . 需求理论与员工激励探讨 [J]. 通信与信息技术，2017（04）：79–81.

从一个真实的案例谈起。

某天晚上，作为日本索尼公司创始人的盛田昭夫按照惯例走进索尼餐厅，与索尼的员工一起就餐，一起聊天。

这是盛田昭夫多年来一直保持的习惯。盛田昭夫这样做的目的，是为了更好地培养索尼员工的合作意识，以及良好的员工与管理者关系。

像往常一样来就餐的盛田昭夫发现，在餐厅的一角坐着一位年轻的员工，看上去郁郁寡欢、满腹心事的样子，只顾自己在那里闷头吃饭，谁也不想理睬。

看到这种情况，盛田昭夫再也坐不住了，就主动坐在这名员工对面，与他攀谈。在盛田昭夫的关怀下，小饮几杯清酒之后，这个员工终于向盛田昭夫讲述了自己的遭遇："我毕业于东京大学，当时好几个商社邀请我加盟，都给出了一份待遇十分优渥的工作。在加盟索尼公司之前，我对索尼公司非常崇拜，甚至有些发狂。当时，我认为加盟索尼，是我此生最佳的选择。不过，此刻我才发现，索尼并非我之想象，我不是在为索尼工作，而仅仅是为课长干活。坦率地说，我们部门的课长是个专横、无能的家伙，更可悲的是，我所有的研发计划和建议都得课长批准才可以。我工作之余研发的一些小发明，或者改进的工作流程，课长不仅不支持我，还打击我的研发积极性。对我而言，这名课长就是索尼。我为此十分泄气，心灰意冷。我为什么要放弃了那份待遇优渥的工作来到这种地方？"

该员工的这番话震惊了盛田昭夫，敏锐的盛田昭夫由此断定，类似的问题在索尼内部员工中一定不在少数。作为管理者，应该关心员工的苦恼，了解员工的想法，不能堵塞员工上进的通路，盛田昭夫于是开启了人事管理制度改革的引擎。

之后，索尼公司每周都会按时出版一期内部小报，报上刊登各部门需要的"人才"。当索尼内部员工看到这样的英雄榜后，还可以自由而秘密地应聘，主管他们的课长无权阻止和干涉。

另外，在原则上，索尼坚持每隔两年就轮岗调换一次工作，特别是调换那些精力旺盛、干劲十足的员工。索尼这样做，不是让这部分员工被动地服从，而是主动地给这部分员工施展才能的机会。

当索尼公司实行内部招聘制度以后，能力较强的员工大多都能找到自己较为中意的岗位，而且人力资源部门可以发现那些“流出”人才的课长所存在的问题。之后，索尼公司得到了迅猛发展。

在这个案例中，这名员工的困惑不是要求索尼公司增加薪水，也不是要求索尼公司给予更高的物质待遇，而是把核心放在了尊重需求和自我实现需求的实现上。

从图 6–1 可以看出，不同的员工产生的需求是不一样的，即使是同一个人，在不同的工作阶段，其需求也是不一样的。因此，提升员工的归属感，就必须重视其社会需求、尊重需求和自我实现的需求。

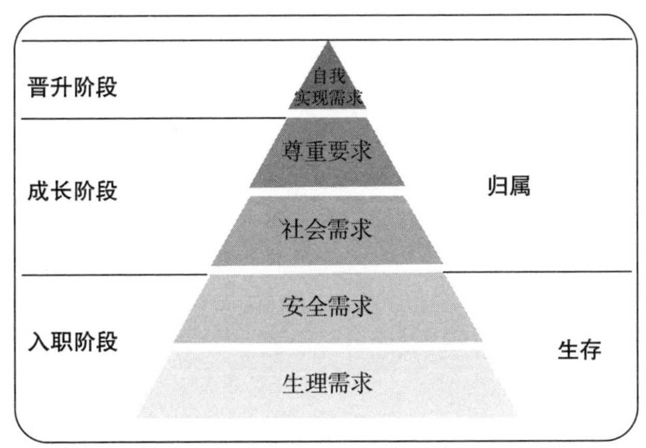

图 6–1　马斯洛需求层次理论

实现内部晋升的程序

在传统的激励机制中，主要分为晋升激励和货币激励。这两种传统而有效的激励方式，也是针对图 6–1 中不同层次需求员工而制定的。

货币激励一般给予的是更多物质方面的需求，主要针对入职阶段的员工实施的一种激励措施，其层次需求往往较低，也容易满足；晋升激励往往是满足员工个人较高层次需求，如社会需求和尊重需求，具体包括地位的上升、待遇的改善、名誉的提高，以及进一步晋升或外部选择机会的增加等[①]，即晋升激励更多的是满足员工精神方面的需求。与货币激励相比，晋升激励的效果往往比货币激励更为有效。

所谓内部晋升，是指企业内部符合条件的员工从现有的岗位晋升到更高层次岗位的过程。在跨国公司中，组织成员的配置永远都是呈金字塔形的，管理者的级别越高，人数自然就会越少，这就意味着职位的争夺也就越激烈，如图 6–2 所示。

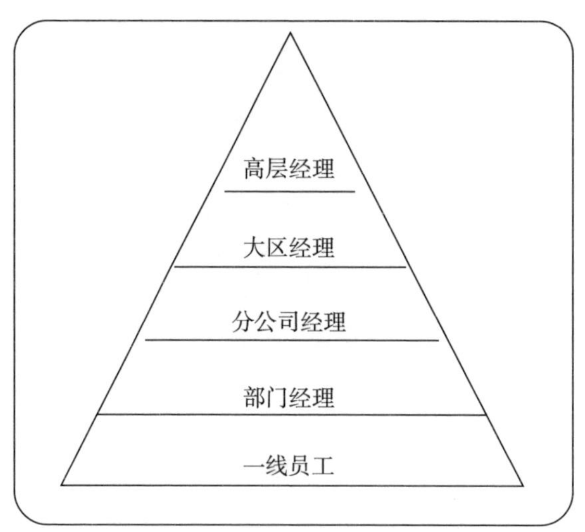

图 6–2　金字塔形的组织成员配置

在这里，我们分享一个微软公司内部晋升的例子。

① 傅星．企业人力资源管理中的非经济性激励措施探讨 [J]. 商场现代化，2017（09）：107–108.

由于发展较为迅速，为了保持活力，微软公司鼓励员工挑战自己，争取担任更重要的岗位。这样的机遇对于员工来说的确是一件好事。因为晋升的机会随时都有，一旦遇到最适合的人即被提升。

在微软公司，员工的业绩是决定其能否被晋升的关键因素。一旦某个员工得到一个职位，就需要创造业绩。随着微软公司的发展，管理台阶也随之提高，竞争也因此变得越来越残酷。

究其原因，晋升的基础是业绩，也是给予员工工作表现最为直接的肯定，微软公司的这一选择机制使得员工不得不把工作做到位，这样做既增加了员工内部晋升的可能，又保护了他们现有的工作岗位。而不愿意参与竞争的员工，就必须遵循“适者生存，不适者被淘汰”的法则，通常只能在竞争力较弱的环境中，担任其能胜任的职位。

关于内部晋升，创新工场董事长兼 CEO 李开复就很有代表性。1998 年，李开复出任刚创立的微软中国研究院（现在的微软亚洲研究院）院长。在短短的两年时间里，李开复做出了令人瞩目的业绩，得到了微软创始人比尔·盖茨和前 CEO 兼总裁史蒂夫·鲍尔默（Steve Ballmer）等人的认可。

2000 年，在史蒂夫·鲍尔默和比尔·盖茨的大力支持下，李开复被提升为微软公司副总裁，成为“NET”集团主管之一。

通过微软公司的内部晋升的例子，我们发现企业内部晋升有如下几个优势。

1. 内部选拔更为有效和可信

在人才引进中，分析人才选拔的有效性和可信性后发现，从内部选拔更为客观。究其原因，员工曾经的工作能力、业绩评价资料更容易获得，直接由人力资源部调取即可，再加上管理者对内部员工的性格、工作动机，以及发展潜能等方面都有所了解，因此，从内部选拔更为有效和可信。

2. 员工更认同企业的价值观

在人才引进中，很难做到的就是融入企业文化。由于员工在本企业中工作过较长一段时间，认同企业的价值观，与企业的契合度更高，更有利于开展工作。

3. 员工更了解企业及其运作方式

分析企业的运作模式发现，由于员工在本企业中就职，更了解企业及其运作方式，比从外部引进的新员工更快地进入角色。

4. 员工为企业工作的动机更高

内部选拔为员工提供了一个难得的晋升机会，这不仅强化了员工为企业工作的动机，同时也提高了员工对企业的忠诚度。尤其是高层管理层人员的选拔，这种晋升往往会带动一批人、一系列晋升，从而鼓舞员工士气。同时，这也会在企业内部树立榜样。通过这样的相互影响，就可以在企业中形成积极进取、追求成功的氛围。[①]

5. 节约高昂费用

从企业成本的角度分析，通过内部晋升制度可以降低吸引人才加盟的费用，例如，广告费、招聘人员和应聘人员的差旅费等，同时还可节约一些不必要的入职工作技能培训费用等。

6. 更认可企业现有的薪酬体系

一般来说，通过内部晋升，其工资待遇要求会更符合企业的现状，因为内部候选人更认可企业现有的薪酬体系。

既然内部晋升具有这样的优势，作为管理者，该如何实现内部晋升呢？内部晋升的程序有三种，如图 6–3 所示。

---

① 陆昌勤．“家里人”vs“空降兵”[J]. IT 经理世界，2001（05）：95–96.

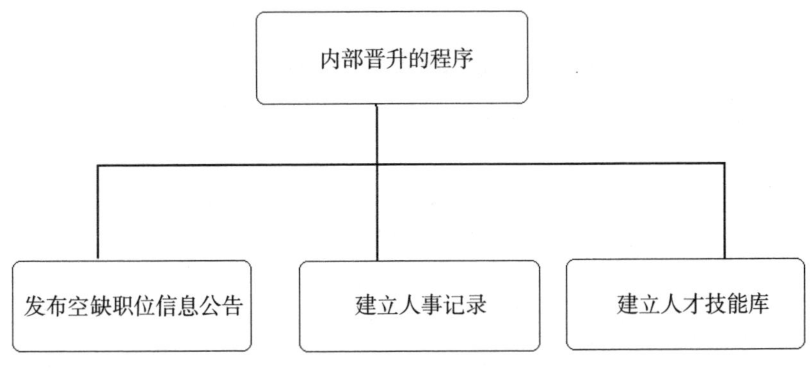

图 6–3　内部晋升的程序

1. 发布空缺职位信息公告

管理者通过内部渠道将空缺的职位信息发布给本企业内所有员工。这些空缺职位的具体信息主要指职位名称、所属部门、薪资等级、该职位主管姓名、工作场所、工作内容、资格要求、候选人选拔方法以及技能评定。不仅如此，企业内的员工还可以向人力资源管理部咨询该职位以后的发展和晋升机会。

2. 建立人事记录

管理者建立人事记录可以很便捷地审阅以往的人事记录，同时也可以利用申请表建立新的人事记录。

通过审查企业的人事记录，管理者就很容易发现：（1）某个重要岗位候选人目前所从事的工作是否低于他们所具有的知识水平和工作能力水平；（2）哪些重要岗位的候选人具有发展潜力，以及需要哪些方面的技能培训；（3）哪些重要岗位候选人已经具备了从事空缺职位的能力与背景。①

① 杨小琼 . 提高职业技能培训实效的探索与思考 [J]. 劳动保障世界，2019（14）：51.

3. 建立人才技能库

建立人才技能库是保证企业健康发展的一个重要举措。究其原因，当下商业环境瞬息万变，企业的生存和发展需要有超前的人力资源规划，才可以获得足够的竞争优势。

例如，在民营企业中，建立产品分析师库时，管理者将企业所有接受过培训或者具备某种能力的人名都列出来。如果市场推广部急需一名产品经理，技能库显示具备这种技能的某员工在企划部担任宣传，就可以由人事部门直接去找该员工，征求该员工对到市场推广部做产品经理的意见。

第 7 章

激励员工需认真对待，切忌表面功夫

管理者尝试着要求员工对某项工作执行到位时，往往很容易陷入这样的激励误区——奖励员工错误的行为，忽视或惩罚正确的行为。

这样做的结果是，管理者希望得到 A 行为，却不经意地奖励 B 行为，甚至还搞不清楚自己为什么会得到 B 行为。因此，管理者在激励管理过程中尽管无法控制每个员工的个人行为，但是可以引导员工按照规范做正确的行为。

因此，管理者必须把握并审视企业的奖励政策，即明确什么行为是管理者所需要的，然后奖励需要的行为，凡是应该受到奖励的就必须进行奖励；相反，凡是应该受到惩罚的就应该立即惩罚。所以，管理者不需要看到什么行为，而需要制止什么行为，更不能不经意地去奖励。

激励员工不能只是做表面功夫

在日常的激励管理中，完善的、科学的激励措施既包含积极的竞争精神，同时还能创造出一种良性的竞争环境，进而形成良性的竞争机制。在这样一家具有竞争性的企业中，员工就会受到来自企业的压力，员工需要将这种压力转变为努力工作的动力。

正如美国著名行为科学家道格拉斯 · M. 麦格雷戈（Douglas M.McGregor）所言："个人与个人之间的竞争，才是激励的主要来源之一。"在道格拉斯 · M. 麦格雷戈看来，员工工作的动力和积极性成了激励工作的间接结果。因此，如果公司承诺员工的方式，不影响公司原本做决定或分享信息的方式，或者只有少部分的人积极投入，其他人都在等着事情改变；又或者不需要评估分析成果，或者公司的主管或员工都不需要有任何牺牲，那么公司的激励方式很可能只是在做表面功夫。①

① 陈珊 . 企业员工的绩效评估与员工激励 [J]. 经营管理者，2015（27）：161.

“克尔式蠢举”与无效激励

美国纽约大学管理学教授史蒂文·克尔（Steven Kerr）研究发现，“很多管理者在实施激励时，尽管采用了大量的激励政策，员工总不能按管理者所希望的、要求的方式行事。”

于是，史蒂文·克尔教授把这种现象称为“克尔式蠢举”。为了让读者更好地理解“克尔式蠢举”现象，我们分享一个寓言故事。

有一天，农夫在稻田里插秧，偶然发现秧苗边游动着一条蛇，嘴里还叼着一只青蛙。

农夫见状，当然不期望蛇吃掉那只青蛙，因为青蛙是益虫，专门吃害虫，就俯下身来救了那只青蛙。

农夫救了青蛙之后，又很可怜这条饥饿的蛇，于是把自己的午餐给蛇吃了。

蛇吃饱后，快乐地游走了。

没过多久，正当农夫为刚才自己的善行感到欣慰之际，突然觉得有东西在撞击秧苗。原来，那条蛇又回来了，而且嘴里还叼着两只青蛙，希望得到农夫更多的食物奖励。

我们可以从这则寓言中得到启示，在激励员工过程中，管理者虽然采用了大量的激励政策，但员工总是不能按管理者所希望、所要求、所渴望的方式行事。现在看来，不是激励本身存在问题，而是激励措施错了。

第一，从管理者角度来分析，这是管理者的错误激励——正确的行为被忽视或被惩罚，而错误的行为却被奖励。

第二，从管理者的思维角度来分析，是失去了思考的连续性，只看到了自身当前的需求点。

需要什么行为，就奖励什么行为

上面的寓言故事给了管理者另外的启示，即管理者奖励什么行为，就会得到更多这样的行为。管理者并不一定会得到自己所希望、请求和需要的东西，而得到的将是自己所奖励的东西。

在巴厘岛的乌鲁瓦图神庙，那里的长尾猴跟蛇有着同样的做法。据了解，乌鲁瓦图神庙的长尾猴是著名的小偷，它们靠抢劫游客为生，然后把这些物品当作交换食物的筹码，直到人类以食物形式支付赎金。

为了解开乌鲁瓦图神庙长尾猴盗窃人类财物的内在动机，加拿大莱思布里奇大学的让 - 巴蒂斯特·莱卡博士和他的同事们在乌鲁瓦图神庙里观察了 273 天后发现，猴子喜欢偷高价值物品，如果拥有高价值物品，它们要么会获得更多的奖励，要么是为了更好的奖励。

有数不清的例证表明，奖励不当就会出现致命的混乱。其突出表现是：受到奖励的行为恰恰是管理者反对最强烈的，而奖励者企盼的行为反而没有得到鼓励。[①] 在上述寓言故事中，你想过如下几个问题的答案吗？

- 为什么蛇会回来？
- 农夫把自己的食物给蛇吃是不是他的初衷？
- 这一行为带来了什么后果？
- 农夫的实际行为与其原本真正用意之间的偏差在哪里？
- 你认为农夫怎么做才符合他的初衷？

在这里，我们结合上述案例和寓言故事，从中找出一些激励方法来解决“克尔式蠢举”问题。

① 吴单 . 米契尔的管理原则：人们会做受到奖励的事情 [J]. 企业改革与管理，2005（03）：88.

位于美国加利福尼亚州的某钢铁公司，一些骨干蓄意怠工，让老板心急如焚。为了解决这个头疼的问题，该老板在给员工大幅度加薪的同时，又给员工授权，可是却没有起到多大的激励效果。

在万般无奈之下，该老板不得不求助一家大型咨询公司，该咨询公司派遣了一个管理专家进驻该公司解决这个棘手的问题。

这个管理专家来到钢铁公司后，不到一个小时就找到了问题的根源。事情是这样的，当时，该钢铁公司老板说道："好吧！让我们在厂里转一圈，你就会知道这些懒人出了什么毛病！"

听了该钢铁公司老板的话，管理专家立刻就知道问题出在了什么地方。于是，专家提出自己的解决方案："你们所需要的，就是把每位男员工当作绅士对待，把每位女员工当作女士对待。这样做了，你的问题不消一夜就会解决。"

该钢铁公司老板对管理专家的解决方案半信半疑，甚至不以为然。管理专家又诚恳地建议："试上一星期吧。如果不见效果或不能使情况好转，你可以不付咨询费。"

该钢铁公司老板半信半疑。两周后，该管理专家收到一封信，上面写着："万分感谢，詹姆斯先生。你一定会认不出这个地方了，这儿有了奋发向上的激情和工作责任心，有了和睦共处的新鲜空气。"

在本案例中，该钢铁公司实施人性化管理，管理者把每位男员工当作绅士对待，把每位女员工当作女士对待，结果激发了员工们激情和责任心。这也说明了尊重员工已经成为企业管理的潮流，不管愿不愿意，都必须这样做，否则，员工将会跳槽到其他企业。因此，作为一名合格的管理者，自己需要什么行为，就奖励什么行为，这才能得到想要的结果。在任何情况下，员工都会选择做对自己最为有利的事情。

例如，员工的工作表现不好，并不是员工自身无知、愚蠢，甚至是懒惰，员工只是按照各种奖励制度（有显性的文字规章制度，也有隐性的约定俗成、逐渐形成的群体规范或是领导的口头承诺、会议发言等[①]）去执行而已。因此，管理者想要员工做什么，就应该奖励什么行为，管理者越奖励，员工的积极性就会越高。

在这里，需要说明的是，管理者奖励员工什么行为，并不等于不批评员工，只不过需要一些技巧，即“赞美→提醒→鼓励”，如表 7–1 所示。

表 7–1　批评员工的技巧

项目	内容
赞美	管理者必须赞美员工工作做得到位的部分，同时说出管理者感激员工的努力，以及肯定员工的工作能力
提醒	管理者适当地提醒员工，旨在保证正确或预防差错
鼓励	管理者再次赞美员工的努力工作，并表示对其充满信心

绩效目标切忌定得过高

由于工作的原因，我时常看到这样一种不良现象，就是管理者在激励时常犯一个错误——奖励一个不可能实现的目标。

一些管理者为了完成业绩目标，总喜欢给员工“画饼充饥”。表面上给员工定的薪酬很高，动不动就是年薪多少万元，完成指标后奖金、提成有多少，但同时却把绩效目标定得非常高甚至根本达不到[②]，这样的激励毫无效果可言。

有效的激励，来自有效的奖励

要想让激励管理落地，管理者必须搞清楚有奖才有励，而不是有奖就有励，

① 李海峰，吕勤勇，郑华萍 . 为什么激励会失效 ?[J]. 企业活力，2003（05）：09.

② 徐毓才 . 给高薪就能留住人才吗 [J]. 医师在线，2020（02）：12.

因为有效的激励来自有效的奖励。

作为北京一家软件公司的老板Y，对自己花了数月才制订好的员工激励计划颇感自豪。Y如此花费时间来制订激励计划，目的在于激励该公司销售团队再上一个台阶。

Y许诺称，但凡业绩超额完成的销售员，可以去中国任何一个地方度假，Y将为其度假支付最高达20万元的报销费用。

Y坦言："作为一家快速成长的初创企业，我们一直都在寻找有效的激励措施，以激发员工的工作积极性。"

Y依然还记得，当他向30位销售员宣布这一奖励计划时，销售员们都兴高采烈的。在这些销售员看来，肯定是百分之百能实现的。但当销售员们听完销售目标之后，都沉默不语了。

Y花费数月制订的看似百分之百能实现的奖励计划却产生了适得其反的效果，最终大挫销售员的工作热情。

此刻，Y才意识到，自己所设立的获奖门槛实在是太高了。虽然一个普通销售员一个月的销售额通常为1800万元，但是Y所制定的获奖标准是：销售员要想获得度假机会，必须一个月完成4000万元以上的业务量。

事后，Y不得不实话实说，4000万元的数字只是他拍脑袋想到的，事先没有做过任何调查，也没征询过销售员和销售经理的意见。

"显然，4000万元这个销售目标，绝大部分销售员是不可能完成的，"Y说，"我总是在会议上听到销售员对它的低声嘲讽，最后，销售经理跟我说了实话，她说这个销售目标太高了，几乎不可能完成。"

就这样，Y耗费数月的奖励计划在实施一个季度之后就夭折了，并成为销售员口口相传的一个大笑话。

管理者要想取得较好的业绩，就必须制定一个切合实际的业绩目标。如管理者在制定销售目标时，必须评估其制定的目标是否合理，否则，一旦目标制定得过高或者偏离实际，那么不仅起不到目标应有的作用，还会影响销售业绩的提升，甚至会打击员工的工作积极性。

在K连锁店，老板重奖了一些业绩优秀的店长。重奖主要有两个方面：第一，让业绩卓著者去大学学习工商管理；第二，就是颁发巨额奖金。

当老板实施这个措施后，A 门店店长们的士气个个高昂，都想在来年得到去大学深造和巨额奖金的机会。

在年底的员工大会上，店长刘媛媛扬言，2015 年的销售额提升到 1500 万元，一定要让 A 门店的员工得到去大学深造和巨额奖金的机会。

尽管热情很高，但老板明白，按照 A 门店目前的水平，是不可能达到这样的销售额的。于是，老板私下告诉刘媛媛，这个目标定得过大，根本不可能完成。

刘媛媛却不听老板的劝告。到年底，刘媛媛不仅没有完成，连目标销售额一半都没有达到。

对于管理者来说，制定切合实际的业绩目标最为重要的是评估自身的能力。的确，无论是一个刚晋升的管理者，还是一个经验丰富的管理者，在制定目标的时候，必须从自己的实际能力出发，这样才能有效地激励员工。

如何制定切合实际的业绩目标

对于管理者来说，要制定合理的业绩目标，必须先了解员工的工作能力，看看员工有没有能力达到这一销售业绩目标。管理者如果不顾实际去制定一个不可能实现的目标，无疑是让员工去抓天上的彩虹。天上的彩虹固然美，但员工并不能把它摘下来，这是无法实现的。

事实证明，管理者在制定切合实际的战略目标时，不要陷入空想，不要好大喜功，不要把某种不切实际的目标当作要付诸行动的目标，否则，这样的目标必定完不成。这样做不仅让员工完不成自己原本能完成的业绩，而且还打击了其自信心。那么管理者应该制定什么样的战略目标才最为合适呢？详细方法见表 7–2。

表 7–2　切合实际的战略目标的制定方法

方法	具体内容
战略目标必须清晰明确	在激励员工的过程中，如果战略目标不清楚、不明确，员工在执行中就存在很大的盲目性，同时还可能会浪费时间
设定合理的战略目标	管理者一旦确立自己的战略目标，那么这个目标必须以员工的实际情况作为参考，并切实可行。如果战略目标不切实际，与员工自己的工作能力相去甚远，也就不可能达到，员工是不会为了一个不可能达到的目标而花费精力的；相反，制定一个非常容易完成的任务，其作用也不大
战略目标应该专一	管理者确定的战略目标要专一，不能经常变换目标。比如，管理者在某一个时期只能确立一个主要的战略目标，因为目标过多会使人无所适从。很多管理者之所以没有取得预期战略业绩，原因之一就是经常变换目标。

有效的激励制度必须保持一贯性

作为管理者，建立合理有效的激励制度是一道不得不迈过的门槛，也是管理者亟待解决的重要问题之一。

我曾给一家位于昆山的 H 制造公司做过《丰田式成本管理》的内训，对 H 制造公司的激励制度较为认可。

H 制造公司成立于 1999 年，现已成为该行业名列前茅的跨国集团。值得一提的是，H 制造公司提供给员工的福利待遇，在昆山只能算得上中等，却能网罗到一大批优秀人才。不仅如此，H 制造公司上下都充满了工作激情，同时还表现出了强烈的责任心和事业心。

H 制造公司正是以一套激励机制为杠杆，借助高水平的管理手段，为员工创造良好的工作环境，充分发掘每一位员工的潜能，鼓励员工为 H 制造公司创造价值，同时实现员工自我满足。[①]

正因为如此，H 制造公司得以在亚洲金融危机中依然保持着强劲的增长势头。反观其他诸多管理者却不太重视激励管理，总是认为只要建立激励制度就能达到激励效果。殊不知，这样的激励形同虚设。

作为电信业巨头的朗讯公司（Lucent Technologies），同样在激励制度上犯了错误，最终导致危机重重，这足以给管理者提了一个醒。

20 世纪 90 年代，朗讯公司可谓顺风顺水。在这段繁荣的时期里，朗讯公司为了维持这种繁荣，制定和实施了一套销售薪酬体系，旨在向超额完成业绩的销售员支付巨额的奖金作为报酬。

但是原本期望的激励作用并没有经历多长时间就遭遇了难题。2001 年中期，朗讯公司出现市场急剧萎缩的问题，销售员的薪酬体系已与朗讯公司的收入严重不协调，所以原来的薪酬体系也就不得不被停止执行。

朗讯公司的管理者发现，公司内存在多种不同的销售薪酬制度，于是提出一个简单的方案，即在小型会议和一对一的面谈中向销售员解释说明，希望赢得销售员的支持。

一般来说，即使是非销售员的绩效薪酬方案，也必须科学合理。对此，朗讯公司高管劳勒尔赞成执行新的方案。劳勒尔说："最好还是重新开始实行。你可以说我们过去没搞好，或者原来的已经不适用了。"

Runzheimer 国际公司高级顾问阿伦 · G. 贝特森（Allan G. Bateson）曾直言，不要把薪酬制度换来换去。贝特森认为："薪酬制度必须保持一贯性，如果变来变去，员工就无所适从了。"

面对朗讯公司的薪酬体系问题，朗讯公司高管米勒说道："你必须准备过些年

① 李秋英 . 激励原则在人力资源管理中的应用 [J]. 科技致富向导，2014（06）：202.

就要对薪酬制度进行改革。制定一个适用于任何经济时期的薪酬制度总是很困难的。如果一项制度可以实行10年，就相当令人满意了。”

众所周知，绩效薪酬制度的失败标志是：如果你付了钱，但是没有看到任何结果，那这个制度实际上就是失败了。因此，贝茨·史蒂夫告诫管理者：“不管企业经营状况好坏，都要建立一套行之有效的薪酬制度，不要奖励那些没有做出贡献的员工，从而使制度遭到破坏。”

在给企业做内训时我发现，许多管理者在建立激励制度后，不仅没有激发员工的工作积极性，反而使其工作热情下降了。

调研之后我发现，大多数管理者在建立激励制度后并没有辅以系统科学的评估标准。学者钟兰在《浅论企业人力资本的激励机制》一文中举例说：“例如，某公司推出年终奖的计划，本意是希望调动员工的工作积极性，但是因为没有辅以系统科学的评估标准，最终导致实施过程中的平均主义，打击了贡献大的员工的积极性。激励应当与企业的一系列相关体制相配合才能发挥作用。其中，评估体系是激励的基础。有了准确的评估才能有针对性地进行激励，只有针对性地进行激励，激励效果才能更有效。”

遗憾的是，尽管一些管理者在近年来越来越重视激励管理，并尝试着进行激励机制的改革，也取得了一定的成效，但在对激励制度的认识上还存在着一些误区。

在制定激励制度的过程中，很多管理者往往会忽视对其配套制度的建设，使得激励制度在执行过程中经常遇到一些阻碍。由于激励制度与绩效评估制度脱钩，管理者制定的激励制度犹如脱缰的野马，毫无约束可言。因此，管理者在建立严格有效的激励制度时，应该注意如下几个方面。

1. 办公信息系统的配套建设

在建立激励制度时，一定要建立管理信息系统和办公自动化系统。因为这两个系统可以加快管理者实行激励措施，那些做出重大贡献的员工能够得到及时有效的激励。

2. 建立完善的用人机制

管理者实施激励的目的，就是更好地提升员工的工作积极性，以及选拔合适的人才，在优胜劣汰中淘汰一些不合格的员工。这就要求管理者建立完善的用人机制，使岗位要求与人才素质相匹配。

3. 需得到财务部门的大力支持

管理者在施行或改变激励制度的过程中，离不开企业财务部门的大力支持，只有这样，才能将相应的激励措施落到实处。因此，管理者必须制定与激励制度相配套的财务制度。

4. 定期对企业激励制度进行评估

管理者要客观地分析激励制度是否有效，并对其进行相关的评估，有针对性地改进激励措施。

5. 充分满足不同员工的切身需求

根据马斯洛需求层次理论，只有充分满足不同员工的切身需求，才能有效地激励员工。某学者在《建立激励制度需注意的五大方面》一文中总结道："这种需要包括两个方面：一方面是要实现对员工卓有成效的激励，考虑员工的各种需求，满足员工不同层次的需要；另一方面，根据不同员工的不同需求，相同的激励措施可能会产生不同的激励结果，即使是同一个人在不同的时间和环境下，也会有不同的需求。"所以，管理者要因时制宜，将满足员工的不同需求作为激励的出发点，这样才能更好地发挥激励作用。

第 8 章

奖惩机制建立在科学理论之上

查阅相关资料我们可以发现，奖惩制度在中国古代就有，只不过仅是针对官吏的。从秦简《为吏之道》中记载的“五善”“五失”规定，到清代的“议叙”“处分”制度，都是在阐释奖惩制度。这足以说明，奖惩制度在组织管理中的重要性。

在现代企业管理中，作为管理者，在奖惩员工时必须遵守“是非分明，赏罚得当”的基本原则。尽管各个企业对员工的奖励办法不同，但主要方式不外乎三种：（1）物质奖励，如颁发奖金、实物等；（2）精神鼓励，如通令嘉奖、颁发奖章、奖状等；（3）物质奖励与精神鼓励相结合，如升职、加薪等。[①]这三种方式的目的都在于表彰业绩良好者。然而，在很多企业中，我们发现有些管理者仍然存在僵化的思维，总是将奖惩机制置于理论层面，导致企业发展迟缓。

“胡萝卜加大棒”激励模式

管理者在激励管理中实施惩罚的威胁或者给予奖励的引诱，是激发员工执行自己意图时最常用的方法。

当员工做重复工作时，维持其工作效率就需要“胡萝卜加大棒”的激励方法，该方法足以确保员工保持在一个合理的工作绩效水平上。这样的激励可以在发挥员工的最大潜能中起到十分重要的作用。因此，管理者在激励员工时，“胡萝卜加大棒”一个都不能少。正如拿破仑所言：“我有时像狮子，有时像绵羊。我的全部成功秘密在于：我知道什么时候我应当是前者，什么时候应当是后者。”

在拿破仑看来，针对不同的下属，当狮子和绵羊同样重要。然而，如此简单易懂的道理，很多管理者却不知道，甚至是不屑。

---

① 王茜 . 企业绩效奖惩制度与薪酬制度 [J]. 北方经济，2005（01）：23.

胡萝卜加大棒的理论基础

不管是国家领导人，还是企业老板都在倡导胡萝卜加大棒政策。美国第 26 届总统西奥多·罗斯福（Theodore Roosevelt）曾在一次演讲中援引了一句谚语——“手持大棒口如蜜，走遍天涯不着急”，来说明他任期内的武力威胁及战争讹诈的外交政策。后来，该理论发展成所谓的“胡萝卜加大棒”政策。

所谓胡萝卜就是“诱惑”或“甜头”，大棒就是“威胁”。该理论所表达的意思就是，一方面给予对方利益诱惑，另一方面给予对方威胁。

究竟什么才是“胡萝卜加大棒”呢？在激励管理中，“胡萝卜加大棒”仅仅是其中的一种手段，通常指的是一种奖励与惩罚并存的激励政策。该说法源于一则古老的故事。故事的大意是说，要使驴子前进，就要在驴子的前面放一根胡萝卜，或者在驴子后面用一根棒子驱赶。

这种暗喻旨在表明，管理者运用奖励和惩罚两种手段可以诱发员工的工作积极性。古典管理理论认为，作为“经济人”的员工，其行为是在追求本身利益最大化，其工作动机是为了获得经济报酬。这种理论还认为，由于人的情感是非理性的，自然就会干预人对经济利益的合理要求，管理者就必须设法控制个人的情感。

张娟是 P 公司一位工作业绩出色的工程师，其工作业绩一直名列第一。爱思考问题的张娟在工作实践发现，公司的一项工作流程不够完善，应该改进。于是，张娟把这个想法汇报给部门经理赵大庆。

张娟多次汇报，却没有得到赵大庆的重视。而赵大庆认为，这不是张娟该考虑的问题，有点多管闲事。

在汇报无果之后，张娟便擅自更改了工作流程。这一行为被赵大庆发现后，张娟受到了严厉的批评。

面对赵大庆的不认可，张娟不但不改，反而认为赵大庆存有私心。就这样两人吵了起来。

当赵大庆把问题反映到副总贺文那里后，贺文同样带着情绪严肃地批评了张娟，张娟置若罔闻，于是贺文和部门经理赵大庆决定严惩张娟。

赵大庆认为，应该开除张娟，贺文认为，开除有点过，扣当月奖金即可。面对两位管理者的处罚，张娟拒不接受。于是，贺文把该问题汇报到老板那里。

当了解情况之后，老板把张娟叫到了办公室。老板并没有像部门经理和副总那样批评张娟，而是让张娟叙述了事情的经过。

通过与张娟的交谈，老板发现，张娟违反的那项工作流程的确应该改进，不仅如此，张娟还指出了 P 公司许多现行的工作流程和管理制度中存在的不完善之处。

老板平等地和张娟交流，同时真诚地聆听张娟的意见，张娟多次要求改进的流程得到了认可，自己也受到了重视和尊重。

客观地评价此次事件，张娟认为，部门经理的管理存在问题，同时自己也做得欠妥。张娟最后也谈到自己违反工作流程应该受到处罚，非常高兴地离开了老板的办公室。

随后，老板与副总以及部门经理交换了意见和看法，张娟自己认为，接受罚金减半，在班前会上公开自我检讨，并补上一个工作日的班。该事件之后，张娟工作热情大增。

在本案例中，既然员工张娟违反了规章制度，无疑就必须执行处罚。要不然，就会给有错不究、赏罚不明做了一个坏榜样。

当然，在处罚员工的问题时，必须多加注意如何处罚员工的问题。一般来说，很多管理者都是照章办事，罚款了事。其实，这样的常规做法很有可能造成员工流失，进而给公司造成极其恶劣的影响。

构建“胡萝卜加大棒”的激励模式

美国麻省理工学院斯隆商学院教授埃德加 · H. 沙因（Edgar H.Schein）研究发现，人有着较为复杂的动机，不能简单地把人归纳在哪一个类别中。

在埃德加 · H. 沙因看来，动机是人的生理、心理、社会、经济等方面的因素与不同的情景因素和时间因素相互影响而产生的，极为复杂。因此，管理者必须采取权变的管理方式，即根据每个员工的具体差异，因人而异，灵活地采取不同的激励措施[①]，如图 8–1 所示。

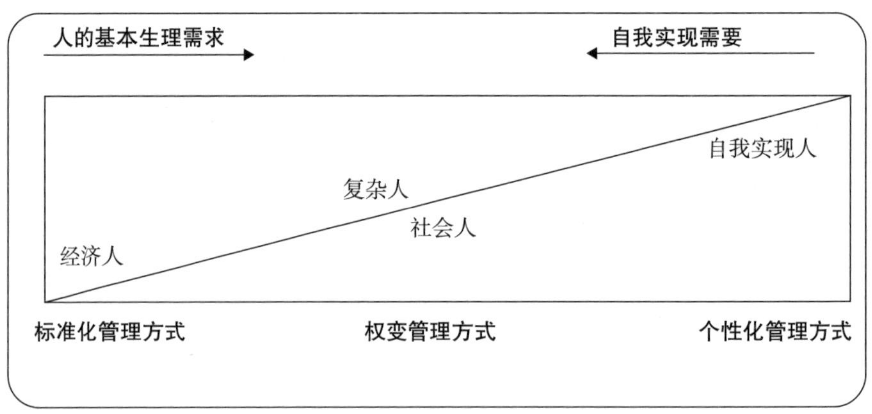

图 8–1　人性假设与管理方式

众所周知，在当下的员工管理中，作为战略资源的员工，其管理核心就是激励，因为激活员工的岗位效率是保证企业竞争力和企业效率的关键。

正如泰罗在他逝世前三周在克利夫兰广告俱乐部发表演讲时所说：“所有与科学管理有关的人都准备随时抛弃任何方法和理论，而支持能找到的其他的更好的方法和理论。在科学管理中，任何东西都不是一成不变的。”鉴于此，我总结了构

① 张光萍，黎昕，梅小敏 . 浅议“胡萝卜加大棒”的激励模式在现代企业中的应用 [J]. 广西广播电视大学学报，2007（03）:15.

建“胡萝卜加大棒”的激励模式的方法如下。

1.“藏起胡萝卜挥大棒”激励模式

在很多初创企业中，摆在创业者面前的主要任务是提高岗位生产率，降低各项生产成本。像这样的初创企业，采取传统的管理方法往往能收到较好的效果。

当企业达到一定的规模之后，规模化的生产流水线，定额定员，实行标准化和现场管理，这样的企业就不能再使用传统的管理方法，必须建立健全完善的规章制度和组织机构，将工资、奖金与业绩挂钩，实行严厉的奖惩制度，即“藏起胡萝卜挥大棒”。[①]

该激励模式之所以能起到一定的作用，是因为其理论发挥了自己独特的作用。例如，明基集团控制的达虹集团打败日商抢下奇美电器，已经成为支撑明基集团获利的重要活水，而达虹总经理林冠颖的“speak on date”管理的背后就是挥舞“大棒”的理念。

在这里，需要说明的是，“藏起胡萝卜挥大棒”激励模式，强调的是藏起胡萝卜，并不是说要放弃胡萝卜。管理者挥舞大棒是建立在胡萝卜基础上的，否则当管理者挥舞大棒时，难免会激起员工们的激愤。

不难看出，管理者挥舞大棒仅仅是手段，而胡萝卜才是关键。因此，管理者在激励管理过程中还要注意管理手段不要过于强硬，对于一些追求激励因素的员工要给予其表现的机会，使之潜力得到充分发挥。

2.“胡萝卜”激励模式

与初创企业不同的是，进入成熟期的企业，特别是资本技术密集型企业，管理者在激励知识型员工时必须以精神激励为主，因为知识型员工自我实现的需求

① 蒋丽君 . 管理学原理 [M]. 杭州：浙江大学出版社，2004.

强烈，更多地追求内在的激励因素，[①] 见图 8–2。

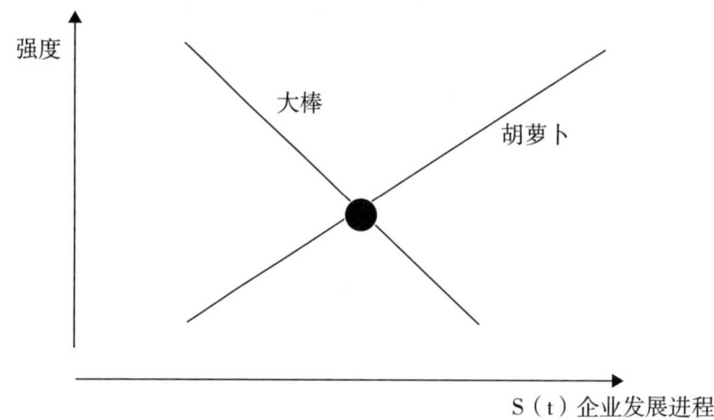

图 8–2　企业成长阶段与“胡萝卜加大棒”激励模式

管理者应该采取更为人性化的管理方式。例如，确定企业发展的战略目标，树立良好的企业形象，使员工有一种自豪感；创造宽松的工作环境，给员工施展抱负的空间，同时根据每个员工的兴趣、爱好、性格特点指导其职业生涯设计，把个人的发展目标与企业的发展目标结合起来，为员工提供发展通道，在使员工获得丰厚的经济收入的同时，实现自我价值，提高其满意度，实现其成就感，激发其创造力；实行弹性工作制，对组织中的工作进行再设计；以人为本、改变等级制管理，使员工积极参与决策，多渠道沟通信息，营造和谐的人际关系和良好的文化氛围，为创新提供良好的人文环境，也就是应以“胡萝卜”为主要手段。[②] 关于提升激励的效率的方法主要有以下几个。

（1）准确地把握激励时机

管理者在激励员工的过程中，应准确地把握激励时机，这样才能事半功倍。

① 张光萍，黎昕，梅小敏 . 浅议“胡萝卜加大棒”的激励模式在现代企业中的应用 [J]. 广西广播电视大学学报，2007（03）:15.

② 朱晓丹 . 论人本管理 [J]. 学习与探索，2004（03）：89–91.

管理者在不同时间进行激励，其作用与效果有很大的区别。

（2）采取相应的激励频率

管理者在激励员工的过程中，其激励频率与激励效果之间不存在简单的正比关系，而在某些情况下，激励频率与激励效果的关系可能成反比。因此，管理者只有根据员工自身情况采取相应的激励频率，这样才能有效发挥激励的作用。

（3）恰当地掌握激励程度

在管理中，管理者恰当地掌握对员工的激励程度，将直接影响激励作用的效果。在很多时候，管理者过度激励和过少激励都起不到激励员工的目的，甚至还可能起到负面作用，极大地挫伤员工的工作积极性，这就要求管理者从量上把握激励，并且要做到恰如其分。

（4）确定正确的激励方向

在激励员工时，管理者必须针对员工的个性需求有针对性地进行激励，这样才能使激励的效果更明显。因此，管理者在管理实践中要努力发现员工在不同阶段的个性需求。

反思自己的人性化管理

很多管理者在激励员工时，总是一厢情愿地对犯错的员工进行罚款处理。在这些管理者看来，对犯错的员工进行罚款，其操作简单，不用苦口婆心地去训导员工。

基于此，很多管理者放弃了作为一个合格管理者的责任与义务，动不动就对员工进行罚款，久而久之，这些管理者的主要精力就放到了如何对员工罚款上面，而不是如何解决企业存在的问题，这也就导致了管理者与员工之间不可调和的矛盾，让员工与管理者的关系异常紧张。

某企业家在接受媒体采访时直言不讳地说："员工的过错，就是公司的过错。不能把错误都推到员工身上，而是要反思自己：我哪里做得还不够，中高层经理哪里有问题，如何从公司层面来帮助员工纠正过错，规避错误的事情发生，这才是人性化管理。"该企业家的话值得所有管理者反省和深思。

对员工罚款仅是一种管理手段

管理者在激励管理中，对员工罚款，绝不是激励管理的目的，仅仅是一种管理手段而已。不得不承认，在某些企业中，罚款曾经是一种较好的激励管理方法。

随着社会形势的变化，以及企业的发展，管理者必须学会与时俱进地选择符合时代要求、符合企业实际的激励管理方法，否则就可能起不到激励的作用。

康小民毕业于北京某高校 MBA 专业，由于学习较佳，还未毕业就被克斯达公司破格录用。加盟克斯达公司后，康小民被分配到重庆，拓展当地市场。

赴任第二天，康小民就发现了几个迟到的员工。按照分公司的管理制度，迟到的员工会被罚款。

刚到任的康小民却又不想"新官上任三把火"。在康小民看来，刚见面就给员工树立"严刑峻法"的第一印象，着实不符合自己的管理风格。

几个迟到的员工上班打卡后，康小民就把他们叫到办公室私下了解其真实的原因。迟到的几个员工说是由于早晨游冬泳，加上交通堵塞，所以就迟到了。

康小民非常清楚，冬泳堵车绝对不是迟到的真正理由。在为难之际，康小民想起了在商学院学习的一个案例，于是选择了一个中庸的办法，来解决员工迟到的问题。

具体的措施是，在一次晨会上，康小民当众宣布，如果迟到的几个员工中，只要有一个人能够在一周后的冬泳比赛中获奖，就可以不予追究，而且还奖励1000 元，但是下不为例。

当听到这个处罚决定之后，那几个迟到的员工自觉地把冬泳的时间安排到了晚上。而在一周后的冬泳比赛中，他们小组获得了第二名的好成绩。

当几名员工把奖状拿回公司后，康小民兑现了承诺，如数地分发了 1000 元奖励。

这件事让康小民在员工心中树立了威信，之后再也没有出现过员工迟到的现象。后来，由于康小民工作业绩出色，集团总公司决定将康小民调回总部，把刚毕业的罗杰空降到了重庆。

与康小民不同的是，罗杰坚持"新官上任三把火"，将康小民的激励方式统统撤掉，重新制定了严苛的规章制度。

新制度规定，超额完成者，分公司将奖励超额部分的 5%；两个月没有完成者，固定工资将减半；四个月没有完成者，自动辞职。

新制度另外还规定：迟到一次罚款 50 元，两次 150 元，早退一次 200 元。

不仅如此，罗杰还采用传销的激励方法，把每月分发的工资和奖金贴在分公司的走廊上，员工可以一目了然地知道同事拿到了多少薪水。这让很多员工们不能忍受，因此多次向罗杰提出过不满，特别是一些没有奖金的员工，更是心灰意冷，再也没有激情可言。

半年后，罗杰主管的重庆分公司业绩下滑，大部分员工因为对罗杰的管理方式不满而纷纷辞职，克斯达公司在重庆的市场份额从康小民时的 60% 一下子跌到目前的 5%。面对如此不利形势，罗杰无奈地向集团总公司提出了辞职。

在这个案例中，同样的员工，在两任管理者的不同风格下，其结果完全不同。研究发现，虽然罚款具有一定的威慑作用，但并不符合我国目前的员工管理需求，也不符合企业本身基业长青和永续经营的需求。

由于越来越多的新生代员工注重自我表达以及自我权益的维护，这就要求管理者不能再使用罚款等粗暴手段。国家也为此出台了相关法律，禁止企业对员工的错误行为处以罚款。

我们再来看《伊索寓言》里的一个小故事。

有一天，北风像往常一样轻轻地吹，太阳也像往常一样暖暖地照着。北风对太阳说："信不信，我比你厉害。"

太阳听到北风这样说，也很不服气，于是为谁的能力大而争论了起来。

北风说："我的能力比你大，你看我吹一口气，所有的东西都要摇晃，还能把大树连根拔起。"

太阳说："我的能力比你大，你看我给他们光亮，给他们温暖，还能把河水晒干。"

太阳和北风谁都不肯服输，于是它们决定谁能使得行人脱下衣服，谁就比较厉害。

北风猛烈地刮向行人，想要把行人的衣服刮掉，结果行人紧紧地裹住自己的衣服。

北风见状非常生气，于是刮得更厉害了。行人被北风猛刮，冷得瑟瑟发抖，便添了更多衣服，还带上了围巾和帽子。不管北风如何使劲地刮，行人就是不脱衣服，反而把自己裹得更紧了。

北风刮了一段时间后，疲倦地停了下来。北风对太阳说："你来试试吧，我想看看你的能力有多大。"

太阳与北风的做法不同，它把温和的阳光洒向行人，行人觉得非常暖和，于是就脱下了帽子和围巾。接着太阳把强烈一点的阳光射向大地，行人开始流汗，之后就汗流浃背了。

渐渐地，行人觉得越来越热，有点忍受不了。于是，慢慢地脱光了衣服，跳到了旁边的河里去洗澡。

北风见了，不得不佩服太阳说："你真厉害，这么容易就让行人把衣服脱了！"

《伊索寓言》里的这个小故事，旨在说明一个关于做事态度的道理，劝说往往比强迫更有效。在前面的案例中，康小民和罗杰的激励管理就说明了这个问题。其实，北风和太阳的能力都不小，但太阳能成功地让行人脱下了衣服，其中给管理者的启示是，激励员工不能光靠硬力气，而是要有正确、合适的方法。

员工犯错即罚款的激励管理太粗暴

在激励管理中，盲目的罚款是起不到预期作用的。员工一旦犯错就对其罚款的激励管理制度无疑过于粗暴。当然，那些故意破坏企业财产的员工行为除外。

激励是人力资源管理中非常重要的一部分，是影响企业战略性资源充分发挥作用的一个重要环节，也是企业发展中最关键的因素。因此，管理者激励员工最根本的目的就是正确地诱导员工的工作动机，使员工在实现企业目标的同时实现自身的需要，从而使员工的积极性和创造性继续保持和发扬下去。换句话说，管理者激励方法运用得好坏在一定程度上是决定企业兴衰的一个重要因素①。所以管理者仅仅凭借罚款来达到激励的目的，只能是南辕北辙，原因有如下三点。

1. 罚款导致员工缺乏忠诚度和归属感，致使员工的流失率上升

在管理实践中，员工加盟某企业时，自然会与该企业签订劳务合同，员工事实上与企业形成了一种心理契约。尽管这不是一种有形的契约，却发挥了有形契约的作用，主要表现为员工对企业的认同度和忠诚度两个方面。

当管理者用罚款行为来激励员工时，必然会破坏这种无形的契约，会让员工觉得，自己与企业之间的雇佣关系变为一种正常的商品交易行为，也就难免存在着“我尽管犯了错，但是你也对我罚了款，所以我没有必要感到内疚”的心理。

① 陈厚莹．试论图书馆管理中的激励机制 [J]. 科技情报开发与经济，2004（12）：47.

以克斯达公司为例，按照克斯达公司规定，一旦迟到超过两小时后就算旷工一天，还要被扣三倍的日工资。迟到的员工的心理肯定不平衡——反正已经被扣了三倍工资，在剩下的五个多小时里，是否工作已经不重要了，即使克斯达公司的人力资源部找该员工谈话，该员工也会反驳说："不是已经扣我工资了吗？"

这就是我们在很多企业中经常会看到的一种怪现象：当员工第一次因为迟到被罚款后，之后迟到的概率可能会少一些，也有可能还是会迟到，甚至比以前更严重。如若出现这样的问题，人力资源部很难想出更好的办法来解决。

不难看出，克斯达公司的罚款制度是无效的，更为严重的是，它还严重破坏了企业与员工之间的心理契约，大大地削弱了员工违反企业规章制度后的内疚感，导致员工对企业的忠诚度下降。一旦员工对企业忠诚度下降，其造成的严重后果就是员工流失率上升，无形中增加了克斯达公司的人力成本。

2. 罚款破坏员工的工作积极性，弱化员工对企业的使命感

一般来说，当员工被管理者罚款后，特别是因为迟到而处罚三倍的日工资后，其心情肯定很糟糕。一旦这种负面情绪长期得不到化解，员工就会对企业产生怨言和不满。其结果是，员工的工作积极性和使命感降低，在工作中缺乏责任心，为产品质量问题埋下隐患。

作为一线员工，工作的目的大多数是为了赚取薪水，一旦被企业罚款过多，当月工资减少时，出现对企业不满的现象就很常见。在员工看来，即使罚款的理由再合情合理，也会影响自己的工作积极性以及对企业的使命感。有些员工时常把对企业的不满带到工作中去，不仅影响其工作的质量，还可能导致产品质量大打折扣，甚至影响企业的品牌形象。此外，员工工作时一旦带有对企业的不满情绪，发生意外的概率将大大增加，无形中又增加了企业的运营成本，可谓得不偿失。

3. 罚款是管理者的一种懒政思维，让员工自己承担责任

事实证明，作为管理者，对犯错的员工实施罚款，绝对不是目的，只是一种

管理手段。通常情况下，当员工被罚款后，即使再严苛的罚款制度也换不来员工对部门经理的尊重，换不来企业对员工的期望，更换不来员工对企业的忠诚度与使命感。

众所周知，管理者对犯错的员工处以经济处罚，其目的是使员工不再犯同样的错误，提升员工的工作积极性，为企业创造出更多的价值。但管理者不得不面对的现实是，管理者对员工的罚款行为，却导致了员工错误地认为，自己违反企业规定的行为与企业的罚款仅仅是一种交易——既然触犯规定就得交罚款，所谓的规章制度也就形同虚设。

责罚分明才是管理利器

在组织管理中，赏功罚过，古今中外有之。只不过，管理者正确地行使赏罚权，且发挥赏罚的积极作用，却不是一件容易的事情。

南宋著名词人、书法家张孝祥在《缴驳成闵按劾部将奏》一文中写道："赏不当功，则不如无赏；罚不当罚，则不如无罚。"在张孝祥看来，赏与功劳不相当，则不如不奖赏；惩罚与罪过不相当，则不如不惩罚。这几句说明刑赏必须相称，如刑赏不当，还不如没有。大功小赏，大罪轻治，起不到"赏一以劝百，罚一以惩众"的目的，要刑赏做什么？而小功大赏，小罪大罚，则会产生"费而无恩""戮而无威"的恶果，这样的刑赏作用更差。因此，该赏定赏，不赏无功之士；该罚定罚，不罚无过之人。唯如此，管理者才能使赏罚成为管理利器。

有过不罚、有功不赏，会导致赏罚不明

作为管理者，在激励管理的过程中，对员工的赏功罚过是一个普通得不能再

普通的管理手段。尽管如此，有些管理者却随心所欲，有过不罚、有功不赏，严重地阻碍了员工的工作积极性和热情。

可能有些读者并不认同这样的说法，为了打消读者的疑虑，我们举一个案例来说明。

应K集团公司老板刘康的邀请，我给K集团公司做关于《如何提升员工责任心》的内训课，为期两天。在这两天的培训课中，我看到了两个问题。

第一，董事长助理魏海坤着急为孩子转学的事情，把按照老板刘康吩咐的当天必须要写好的行业研究报告，拖到了第二天中午，结果给K集团公司造成了150万元的直接损失。

魏海坤为此懊悔不已，忐忑不安地等候老板刘康的重罚。

让魏海坤没有想到的是，老板刘康只是轻描淡写地批评了他几句，并没有把他调离重要岗位，也没辞退他。

事后，在关键岗位上工作的魏海坤私下跟我说："我犯个错并没有什么可怕的，老板挺器重我的，我让企业损失了100多万元，不也没把自己怎么样。"

就这样，魏海坤在工作中越发地漫不经心，其他员工也纷纷效仿，在工作中不是执行不到位，就是疏忽大意、掉以轻心，而且这样的事情经常发生，大大小小的错误也不断出现。

第二，K集团公司公关部总监俞静，在就职三年中，除了完成老板刘康交办的各种事务性文字材料外，还及时把企业发生的各类重大新闻写成稿件，投向一些主流媒体，并由此化解了企业发生的数十次危机。

老板刘康为表彰俞静的重要贡献，吩咐行政部总监周永拟定表彰文件，下发表彰通报，并决定奖励俞静5000元。

周永马不停蹄熬夜写好了文件交给了老板刘康，而刘康却没有下发。原因是在K老板刘康签字时资金紧张，只好"放放再说"，随后便不了了之。

后来，俞静愤而辞职了。

在本案例中，K 集团公司老板刘康对有过错的员工不惩罚，那每个员工都敢违规犯禁；对有功的员工不奖励，那就没有员工尽心尽责地工作了。

查阅相关资料我们可以发现，奖惩制度的内容有三个：（1）奖惩的条件；（2）奖惩的种类；（3）奖惩的批准权限。

1. 奖惩的条件

在激励管理中，管理者必须搞清楚奖惩的条件，即对那些忠于职守、做出巨大贡献的员工给予物质和精神奖励；对那些违反规章制度、操作规程、玩忽职守的员工给予惩处警告，甚至是辞退。

2. 奖惩的种类

在激励管理中，管理者必须搞清楚奖惩的种类。

奖励的种类包括晋级、通令嘉奖、授予先进生产（工作）者、周冠军、季冠军等。管理者在给予员工上述奖励的同时，还会颁发奖金、奖章。

惩罚主要分为行政处分和经济制裁两种。行政处分包括警告、记过、降级、降职、撤职、留用察看、辞退，等等。其中辞退员工是激励管理中最严苛的行政处分。经济制裁主要是给予一次性罚款，或者扣发一定数额的工资。①

3. 奖惩的批准权限

在激励管理中，管理者必须清楚奖惩的批准权限。奖励和惩罚应根据具体情况具体分析，有的由企业老板决定，有的则由部门经理决定。管理者在奖惩员工时，须征求人力资源部的意见；辞退员工时，最好与老板沟通。

① 王茜．企业绩效奖惩制度与薪酬制度 [J]. 北方经济，2005（01）：23.

不赏无功之士，不罚无过之人

在内训课后，我时常听到员工抱怨部门经理赏罚无道、滥用职权：“赏什么、罚什么，还不都是部门经理个人说了算。”

在很多企业中，尽管奖惩条例分门别类地写得清清楚楚，可是部门经理在执行奖惩条例时，往往会按照自己的意愿行事。在这样的情况下，部门经理时常挥舞着赏罚这把双刃剑，一旦弹性越来越大，其随意性就会越来越强，导致该罚不罚、该奖不奖的事情屡见不鲜。

例如，员工迟到后，按照企业的规章制度，部门经理必须处罚员工的迟到行为。若是正好赶上部门经理签了一个大单，心情非常愉快，可能就会放员工一马。

再如，某个员工提了一个合理化建议，为企业带来了巨额的收益。按照制度规定应该得到奖赏，但可能因为部门经理的一句“最近没钱”就可能推迟到年中或者年底。可真到了年中或者年底，部门经理可能早就忘记了奖励的事情。一旦管理者在团队中该罚不罚、该赏未赏，其员工绝对不会带有极大的工作热情去工作。

因此，管理者及时地赏功罚过对提升员工的工作积极性具有十分重要的意义。事实证明，由于近年来情感化管理的盛行，新管理理论倡导者认为，对员工的赏功罚过不仅要及时，更要提高赏功的比例。

众所周知，有些企业组织在评奖时，优秀员工的比例通常控制在 30% 以内，对于那些表现差的小部分员工，也不会做出相应的处罚。新管理理论倡导者提出，每年年终应该对 70% 以上的优秀员工进行奖励，并以适当的方式对个别表现较差的员工予以处罚，这样以多数人的行为归为正确行为，更有利于激励多数而鞭策少数。此种做法对于企业如何赏功罚过也具有一定的借鉴意义。因此，掌握好赏罚这门学问，会使管理陡增钳制力，从而化怨心为感心，化颓情为激情。[①]

管理者制定的奖惩制度集中体现了企业价值取向，因此必须清楚和明确鼓励员工什么行为，反对员工什么行为，提倡员工什么行为，抑制员工什么行为。在实际的激励管理中，管理者应注意如下几个问题，见表 8–1。

表 8–1　　管理者在奖惩中应注意的六个问题

问题	具体内容
奖优罚劣	在制定奖惩制度时，奖与罚必须同时存在，真正做到奖优罚劣
奖惩需及时	及时对员工实施奖励或者惩罚，否则实施奖惩制度的效果就会削弱
奖励必须兑现	该兑现的奖励必须兑现，否则会失信于员工，以后再激励，也就无人相信了
实行公正的差别奖励	在实际的激励管理中，反对平均主义，平均分配奖励等于没有奖励。
奖惩需适度	在实际的激励管理中，奖惩需适度。一旦奖励过重，可能会使员工产生骄傲自满的惰性情绪；相反，一旦惩罚过重，可能会导致员工觉得不公平，惩罚过轻则可能会让员工轻视错误的严重性
重视精神奖惩的作用	在实际的激励管理中，必须重视精神奖惩的作用。对于绝大多数员工而言，精神奖惩不仅能使员工产生满足感，更能激发员工的工作积极性

赏罚不分明，以儆不效尤，会导致员工不平衡

管理者制定奖惩制度的目的就是“赏罚分明，以儆效尤”，即管理者在经营企业的过程中要对员工进行有目的的奖励和惩罚。

鉴于此，管理者必须认识到奖惩制度的重要性，因为在日常的企业管理中，单一的奖励或处罚的管理制度都存在一定的局限性，这就要求管理者在提升员工的工作积极性和效率的同时，还必须做到“赏罚分明，以儆效尤”。

① 胡宝山 . 班组管理障碍：该罚不罚 该赏不赏 [N]. 工人日报企业周刊，2005–09–27.

然而，在很多企业中，管理者随意性较大，所以存在“赏罚不分明，以儆不效尤”的现象，结果深深地挫伤员工的工作积极性，这样不仅不能提高员工的岗位效率，相反还会使得员工心中不平衡，甚至可能得过且过，做一天和尚撞一天钟。

刑赏之本，在乎助善而惩罚

在中国浩瀚的文字记载中，对“赏罚分明，以儆效尤”的阐述多如牛毛，如唐朝的吴兢在《贞观政要 · 刑法》中就写道：“刑赏之本，在乎助善而惩罚。”

这句话的大意是，惩罚与奖赏的根本，在于奖励人们做好事，惩处那些做恶事的人。即刑赏的本质是劝善惩恶，因为“赏不劝，谓之止善；罚不惩，谓之纵恶”（出自荀悦《申鉴 · 政体》），而“赏厚可令廉士动心，罚重可令凶人丧魄”（出自韩愈《论淮西事宜状》），因而必须注重刑赏。

不可否认的是，奖励和惩罚也都存在一定的负面作用。一旦过多地奖励员工，可能导致员工变得唯利是图；一旦过多地惩罚员工，可能极大地打击员工的工作责任心。因此，作为管理者必须把握奖惩制度的分寸，既做到“赏罚分明，以儆效尤”，又能提高员工的岗位效率。

深圳P公司邀请我去讲《家族企业长盛不衰的秘诀》。当我进驻P公司，我就发现这样一个现象，P公司制定了一整套严格规范的管理制度，规定如下：

第一，上班迟到一次罚款50元，并扣发当日工资；

第二，在公司上班期间，所有员工必须佩戴工作牌，凡不佩戴者给予通报批评，并扣发当日工资；

第三，一个月连续迟到三次者开除。

……

制度颁布后，由行政部执行。

当制度颁布一周后，采购部经理上班迟到两分钟，同时又没有佩戴工作牌，行政部经理要按制度规定对采购部经理进行处罚。

采购部经理却拒绝缴纳罚款，并坦言："我今天迟到两分钟，主要是因为昨晚在公司加班到凌晨两点，不应该被处罚；同时，工作牌没有戴是因为刚刚到办公室继续处理昨晚没有做完的采购方案，所以也不该处罚。"

于是行政部经理和采购部经理就争执了起来。行政部经理表示："公司中目前并未有'头天晚上加班第二天早上就可以迟到'的正式规定，况且，其他部门很多员工也经常性加班，第二天早上并未迟到；再者，制度上没有规定如果早上由于工作太多而忘了戴工作牌可以免予处罚，因为公司每个部门早上的工作都很忙。"

听完行政部经理的解释之后，采购部经理陈述了自己的不同意见，并表示要罢工一天，当即与采购部另外五位采购员离开了 P 公司。

在 P 公司，采购部直属总经理分管，而当总经理出差回来后，行政部经理第一时间向总经理汇报采购部经理迟到和没有佩戴工作牌的事情，并坚持让总经理对采购部经理按照制度规定进行处罚。

一刻钟后，采购部经理到总经理办公室向总经理汇报了其迟到和没有佩戴工作牌的事情，并指出自己行为的合理性和公司制度的不合理性。

当天下午下班时，行政部经理再次到总经理办公室询问处理意见时，P 公司总经理的意见如下：

第一，采购部经理为了公司发展加班到凌晨两点，主要是为了制订更加合理的采购方案。采购部经理正在与几个重要供应商谈判签约事宜，如果现在就按制度严格执行，万一把采购部经理惹急了进而提出辞职，就无人能够代替他的工作，必然会影响正常的采购业务。

第二，采购部经理迟到和没有佩戴工作牌的事情留待以后处理，以避免激化矛盾。

第三，今晚7点，在粤港大酒楼宴请采购部经理与行政部经理，目的是化解采购部经理与行政部经理之间的误会。

第四，由于采购部经理能力很强，但个性也很强，容易与人发生冲突，出现情绪化，因此必须照顾有个性的员工。

第五，行政部经理在处理采购部经理迟到和没有佩戴工作牌的事情上也过于教条，对于某些特殊人物不能够像对待普通员工那样。

……

几个月之后，总经理压根也没有处罚采购部经理的意思，此事也就不了了之了。

然而，行政部经理的工作可就不好办了，当再按制度规定对违规员工进行处罚时，行政部经理听到员工们说得最多的话就是："你就只敢处罚我，你有本事去处罚采购部经理。"

员工的话令行政部经理非常尴尬，经常被怼得哑口无言。从此以后，P公司考勤制度的执行力度大为下降，上班迟到、不佩戴工作牌的事情经常发生。

在我国中小家族企业的日常管理中，作为家族企业创始人必须严格执行企业的各项规章制度，绝对不能搞"下不为例"。如上述案例中的这种企业管理现象在很多企业中都普遍存在。作为P公司的总经理，不管是采购部经理，还是自己迟到都必须严肃处理，按照公司的规章制度进行处罚。当然，P公司总经理的做法有一定的代表性，因为在我国诸多家族企业中，一切由老板说了算的现象随处可见。

在给一些企业做内训时，我经常看到家族企业领导者或者老板根本就不按照制度规定执行。比如在某公司的生产计划会、营销计划会和采购计划会上通过了相关生产、营销、采购的决策文件，老板也在这几份文件上签了字，文件也通过正常渠道下达到相关部门和人员执行。然而，不到一周，公司老板就十万火急地分别把生产总监、营销总监、采购总监召回，让他们按照自己制订的新方案执行，可是新方案与原来的会议方案完全相反。

奖惩以奖励为主，惩罚为辅

要想不折不扣地执行公司规章制度，管理者就必须在进行企业内部制度化、规范化建设过程中以身作则，给员工起到一个良好的表率。这才是真正地根治制度形同虚设的良方妙药，否则，就像前面介绍的 P 公司一样，管理混乱、无章可循。

作为管理者，在制定和实行奖惩制度中，必须做到有奖有惩，奖惩严明。即管理者应以奖励为主，惩罚为辅。在具体奖励员工时，将精神奖励和物质奖励结合起来，以精神奖励为主；对违反规章制度的员工，管理者应以教育为主，惩罚为辅。

管理者惩罚违反规章制度员工的目的在于惩前毖后，因此，管理者在建立健全奖惩制度时，应涉及以下几方面的内容。

1. 与企业文化考核制度结合，建立奖惩制度

在设计奖惩制度时，管理者需要将企业文化考核指标纳入全员考核体系中，尽可能地让企业文化与员工的薪酬和激励挂钩，真正地做到奖励先进，鞭策落后。

当然，管理者在运用奖惩制度的考核结果时，通常可以与考核制度一起设计和执行。不过，必须要控制好比例，不宜选择大比例，以免员工出现不安心理，给企业文化建设带来负面的影响。

2. 设立年度奖项，奖励做出重大贡献的员工

在企业奖项中，增设年度奖项，奖励做出重大贡献的员工，这其实就是企业文化与奖惩制度相结合的体现，既要有先进个人，也要有先进团队，在企业年度大会上进行表彰。

3. 设立专项基金，保持奖励的持续性

在激励管理中，管理者应设立专项基金，保持奖励的持续性。事实上，在奖励做出重大贡献的员工和团队时，专项基金就可以发挥作用。管理者根据自身的企业文化实际情况，也可以进行不定期的开支，重要的是控制过程，而非结果。

4. 设立特殊荣誉称号，奖励做出重大贡献的员工和团队

管理者根据企业的实际情况，设立具有特殊意义的荣誉称号，奖励做出重大贡献的员工和团队。事实证明，这种奖励形式不仅可以有效地激励员工的工作积极性，还可以带来一种特殊感受。例如，获得微软公司设立的“盖茨总裁奖”的员工，自身认为得到了重视。又如，四通公司设立的“优秀四通团队奖”和“优秀四通人奖”。

只有大棒，没有胡萝卜，会激化员工与管理者的矛盾

在很多管理者眼中，大棒是激励员工最好的手段。

某老板曾坦言：“对这些工人来说，就得狠点，你稍微放松一下，他们就偷懒。”据该老板介绍，他经常搞突击检查。每当检查时，所有员工都非常小心，生怕在工作中出一点点差错。在我国，热衷“大棒”理论的企业不在少数。殊不知，这样做有时却达不到应有的效果。

在撰写本书时，我翻阅了大量的有关当代管理模式的资料后发现，在欧美、日本企业中，企业家都在努力地追求效率最大化，但是仍然体现着充实的人性化管理，如分权与权力下放以及部门内部的组织结构改革等。

在欧美及日本的企业中，管理者非常清楚，即使拥有再好的管理流程，也必须得到员工的理解、拥护，否则很难执行到位。相反地，我国管理者只看到了大棒，并没看到胡萝卜，因此，在制定管理制度时，往往会崇尚大棒的管理制度，

而这样的管理误区可能会激化员工与管理者之间的矛盾，因为再完善的制度也不能解决所有的问题。

员工犯错的四个原因

在日常管理工作中，管理者实施大棒政策的直接动力源于防止员工犯错。当然，管理者这样做可以理解，但是不能盲目地套用。

当员工犯错时，管理者必须分析其犯错的原因，以及是不是影响企业生存与发展的重大问题。员工通常会在知识、态度、技能和管理四个方面犯错，如表 8–2 所示。

表 8–2　　员工犯错的四个原因

原因	具体内容
知识	缺乏足够的专业知识，导致经常犯错而自己却不知道
态度	员工知道该如何执行到位，但是工作态度不端正，就是懈怠和取巧
技能	缺乏工作技能，遇到问题后员工无法应对自如
管理	无法管理自己的时间、工作流程和目标

要使员工不犯错，需要企业针对以上几个内在问题进行改进。至于员工在一些细节上犯错，则需要有经验的上级或老员工对其进行前期培训沟通，降低其犯错概率。

关于犯错误，有一篇文章做了这样的论述："每个人在生活中总要犯错误。我们不怕犯错误，而是怕犯同样的错误。不容忍犯错误的人，往往成不了大气候。因为总是有无形的东西在束缚着他，当他要突破重围或者有所创新时，总会有一个潜意识的念头在心里告诫他，不要犯错误，或者小心做错。这样，他再也无法放开手脚去大干一番了。这样的人没有冒险精神，也就缺乏开阔的眼界和思路。因为你没有丰富的经历，也就没有发言权，更没有决策权。所以，最重要的是在犯错误中学习和积累，犯错误是为了以后不犯错误。假如年轻的时候不犯错误，那么到以后犯的错误就是致命的、无法挽回的。作为领导者或者企业的负责人要允许自己的下属犯错误，同时给他们一定的自由让他们犯错误，这样才能成长起来，达到少犯错误和不犯错误的目的。只有这样，他们才能成熟起来，也具备了丰富的经验以及分析事物、判断事物的素质和能力，而这个时候也就可以担当重任、独当一面了，从而也就不用你操心了。”

从上面的论述来看，共同找到解决路径并让其执行，是“惩罚”犯错员工最好的方法，正向激励远比惩罚和反向激励有效。

此外，惩罚和反向激励，可能短时间内或在某个具体事情上起作用，员工迫于压力可能会改进，但他始终会反弹甚至背离惩罚的初衷。[①]

位于京郊的P印刷公司尽管规模不是很大，但在总经理陈天剑的经营下，金融危机也没有能阻止公司业绩蒸蒸日上的势头。

陈天剑上任的第一件事情就是招聘能人。不管有无工作经验，只要能为公司贡献力量，一般都可以留下来施展才华。

就这样，毕业于某印刷学院的郑天桥就顺利地进入了P公司。在P公司，郑天桥从一线业务员做到了业务总监。

在P公司的三年间，郑天桥在工作中一直兢兢业业、勤学上进。每年郑天桥的业绩都位列第一名。

然而，在2011年11月下旬的一天，郑天桥像往常一样从客户那里收回P公司的货款时，却接到了父亲的一个紧急求救电话。

父亲在电话里说，郑天桥的母亲不幸得了癌症，现在是癌症早期，医生说急需手术。尽管已经变卖了家里的很多物资，也没能凑够手术费，问郑天桥能不能想点办法借钱医治他母亲的病。

① 谭长春.“惩罚”犯错的员工[J]. 销售与市场（评论版），2013：35.

郑天桥闻此信息后，马上给总经理陈天剑打电话说借钱的事情，可是总经理陈天剑的电话总是无人接听。五分钟后，郑天桥决定从公司货款里先借一万元给母亲治病。

作为业务总监的郑天桥十分清楚挪用公款是业务人员的大忌，更何况是业务总监，轻则退赔开除，重则绳之以法。

10 分钟后，郑天桥主动地走进了总经理陈天剑的办公室，将剩余的货款和一张邮电局汇款收据摆在了陈天剑的办公桌上。

之后，郑天桥找陈天剑足足谈了一个多小时，陈天剑的表情始终是冷峻的。最后陈天剑说："你先休息一下，叫张助理通知业务部全体人员，20 分钟后召开紧急会议。"

在这次会上，陈天剑宣布免去郑天桥业务总监的职位。

两天后，得知此事的 U 印刷公司总经理周文儒以年薪 80 万元的高薪将郑天桥聘请过去，同时还预付 10 万元给其母治病。

2012 年 4 月，U 印刷公司的销售额增长了 600%，而 P 印刷公司的业绩却一落千丈。

在上述案例中，陈天剑就犯下了"只有大棒没有胡萝卜"的激励错误。作为业务总监的郑天桥，不仅业绩出色，而且还是因为母亲急需一笔手术费，在给总经理陈天剑打了五分钟电话无人接听后，才不得已从公司借了一万元，而且在最短的时间内到陈天剑办公室说明情况，至少说明郑天桥的职业操守还是非常强的。然而，陈天剑却不认可，还是按照公司制度对郑天桥进行了惩罚。

与陈天剑的做法不同的是，U 印刷公司总经理周文儒不仅高薪聘请了郑天桥，同时还预付了资金帮助其母亲治病。这两家企业在面对同一件事情时，处理的方式却是天壤之别。

员工犯错误在所难免，只要是情有可原，就没有必要深究不放。

管理者处理犯错员工的方法

作为管理者，当员工犯错时，要尽可能地容忍下属所犯的错误。

在日常的管理中遇到问题时，工作能力越强的员工，犯错的机会就相应要多一些。这就要求管理者处理好在企业中的“双强”关系。这里的“双强”是指，能力较强的管理者和能力较强的员工。在我国企业中，很多企业老板，特别是企业创始人，他们的能力都非常强。这就必须要求企业老板在增强自身领导魅力的同时，更应该给能力较强的员工以充分的发展空间，让其能力得到最大限度的发挥，使其自身价值得到最大限度的实现，既有利于提升员工的工作积极性，同时又为公司培养了急需的人才。

作为管理者，当员工犯错时，管理者处理犯错员工的方法有以下几种，见表8–3。

表 8–3　处理犯错员工的四种方法

方法	具体内容
绝不批评动机良好而无心犯了错误的员工	如果员工动机良好而无心犯了错误，管理者只需纠正犯错员工的方法就可以了；反之，如果员工恶意犯错，须从严处罚
充分看到每个犯错员工的闪光点	发现犯错员工的长处其实是一个优秀管理者的一个硬素质。在实际的管理中，管理者必须充分看到每个犯错员工的闪光点，特别是犯错员工的特长、工作经验和优势。在做重大决策时，主动听取犯错员工的意见，同时尊重犯错员工的意见，依据有效的建议制定出符合自身企业发展的决策，从而调动他们工作的积极性
主动地放下架子	有些管理者爱摆架子，以为这样就可以管理犯错的员工了。其实不然，管理者只有放下架子，以宽广的胸怀对待犯错的员工，做到小事不计较，大事能论理，才能有效地激发犯错员工的工作积极性
时刻严格要求自己	在员工管理过程中，特别是当员工犯错后，管理者必须“身教重于言教”“处处模范带头，以身作则”，时刻严格要求自己

激励需选择恰当的时机

古人云："事之难易，不在大小，务在知时。"这句话告诉管理者，只有了解员工的需求，选择最为恰当的时机激励员工，起到的作用才是最大的。

通用电气公司前 CEO 杰克·韦尔奇就曾告诉他的继承者杰夫·伊梅尔特（Jeffrey Immelt）："你在什么时候激励员工，都是有讲究的，必须在员工最需要的时候，此刻的胡萝卜才是最好的奖品。"

在杰克·韦尔奇看来，激励时机比盲目激励要重要得多，因为时机正确与否关系到激励的成败。

激励时机非常重要

俗话说，"机不可失，时不再来"，足以说明"时机"的重要性。在人类一切社会活动中，普遍都存在着某种利益最大化的"时机"。如果能够敏锐地觉察、巧妙地运用、果断地抓住，往往能收到事半功倍的效果；相反，如果反应迟缓、优柔寡断，无疑将错失良机，贻误大事，甚至酿成大祸。

作为管理者，在激励员工的过程中，这样的"时机"同样存在，不但存在"时机"，而且还存在"最佳时机"。心理学的研究结果显示，人的情绪具有肯定和否定的两极性。肯定的情绪，即积极的情绪，可以提高人的活动能力，如欢畅的情绪可以使人们热爱生活，憧憬未来，忘我工作；而消极的、松懈的情绪则会降低人的活动能力，如伤感、哀苦所引起的郁闷，会使人厌倦工作、生活和学习，精神萎靡不振，心情烦躁而沉重。情绪在情感的表现形式方面具有较大的情景性、激动性和短暂性。[①]因此，作为管理者，在激发员工内心的积极情绪时，把握激励

① 朱同健 . 浅谈激励的最佳时机 [J]. 辽宁教育学院学报，1997（04）：29–30.

时机尤为重要。

2014 年 8 月 23 日下午，工人王全发正在乌鲁木齐市西山马料地街的一个工地做外墙保温。

在当天下午 3 时 40 分左右，上方突然传来的一声喊叫，让正在专心干活的王全发心头一惊。王全发抬头望去，发现工友陈林旺已经坠落到了三楼，且还在继续下坠。

此刻的王全发快速地伸出了两只粗壮的胳膊，一双眼睛紧盯着坠落的陈林旺，以便随时调整位置。很快，体重 55 千克的陈林旺重重"砸"在他的胳膊上后，"滑"落在地上。

王全发回忆说："那是一根钢丝绳，一些散开的钢丝刺痛了陈林旺的双手，他一紧张整个人脱离了绳索向下落。"

"他从我右边掉下来，当时我面朝墙，一转身就接住了他。他落到我的手上，然后我的胳膊受到冲击后也向下一坠，陈林旺顺势滑掉在了地上。"王全发说，他所在的施工架护栏有 1 米高，到他大腿处的位置，"一方面我本身已经受到了保护，另一方面我的胳膊向下坠的瞬间也减轻了冲击力，所以我自己并没有倒下，只是胳膊有些冲撞外伤。"王全发说道。

救人事件后，工地的一名项目经理为此奖励给王全发 200 块钱。[①]

在本案例中，这名项目经理的激励时机把握得非常准确，即管理者充分利用人们所处的那种积极情绪状态下的有利时机，运用适当的方式和手段，促使其内心的消极情绪转化为积极情绪，并努力将其积极的情绪转化为行为，实现其预定的控制目标。[②]

可能读者会问，什么是激励的"最佳时机"？所谓激励时机是指为取得最佳

① 于扬，李玉坤，刘昕 . 男子伸手接下 5 楼坠下工友 经理奖励其 200 块钱 [N]. 大河报，2014-09-01.

② 朱同健 . 浅谈激励的最佳时机 [J]. 辽宁教育学院学报，1997（04）：29-30.

的激励效果，管理者对员工进行激励的时间。一般地，管理者对员工进行的激励时机适当，才能有效地发挥激励的积极作用。这就意味着管理者在激励员工时，不拘泥于传统的框架，选择激励的时机应该是随机制宜的。作为管理者在激励一些做出卓越贡献的员工时，应根据具体的客观条件，灵活地选择激励的时机或综合激励的形式，让激励真正地有效。可以说，在不同的时间激励员工，其效果有着很大的差别。一般地，激励时机的分类有如下三个，如表 8–4 所示。

表 8–4　激励时机的分类

标准	分类
时间快慢	及时激励和延时激励
时间间隔	规则激励和不规则激励
工作周期	期前激励、期中激励和期末激励

激励员工的最佳时机

激励时机的选择是组成激励机制的一个重要部分。在不同时间激励员工，其作用与效果的差别非常大。一旦过于提前激励员工，可能导致员工觉得管理者的激励无足轻重；如果激励过迟，又让员工觉得是画蛇添足，失去了激励本身的积极意义。

从行为心理学的角度来分析，激励如同发酵剂，何时该用，何时不该用，管理者都必须搞清楚，之后根据具体的情况具体分析，管理者不要等到年底发年终奖时，才打算犒赏员工，否则激励的作用将大大降低。

因此，当员工做出卓越贡献时，管理者就应该尽快地激励该员工。一旦让该员工等待的时间过长，激励的效果就极可能大打折扣。

例如，在激励销售员时，由于销售的时效性很强，如果只是在每年年终时才评定一个销售冠军，这样的激励就可能影响销售员的工作热情。如果设立周冠军、月冠军、季度冠军、进步之星等各种奖项，将极大提高销售员的工作热情。

需求具有多样性、复杂性、变化性、隐含性、主观性和内在性等众多不同的特征，所以不同的员工，其需求也不一样。

正因为如此，员工很多真实的、内在的需求就极有可能被隐藏起来，也很难被发现。在实际的激励管理工作中，管理者就必须做到准确地发现不同员工的潜在主要需求和员工最迫切需要解决的困难，这就为准确地识别最佳的激励时机打下了坚实的基础。

激励员工的起点就是管理者满足员工未得到满足或者期望获得的需求。然而，由于员工的需求因人而异、因时而异，就给管理者增加了激励的难度。只有当员工最迫切的需求（主导需求）得到满足后，管理者激励员工的效果才有效。因此，管理者必须深入地了解员工的当前需求，并准确地发现员工的潜在需求，通过员工的需要层次和需要结构的变化趋势判断其最迫切的需求，然后有针对性地采取不同的激励措施。

众所周知，管理者通过各种措施激励员工、增强员工的工作动机，无疑能起到一定的积极作用。由于每一种激励手段的作用都具有一定的时间限度，超过最佳的时限也就逐渐失效。

另外，由于员工的主导需求时常处在动态的变化中，这就意味着同样的激励方式，对同一个员工在不同时期内将起到不同的激励作用。

作为管理者，必须对员工的需求进行了解，因为同一激励需求对不同员工的满足性、迫切性都不一样。任何一种需求获得满足后并不会自行消失，只是对行为的影响程度减轻了而已。因此，作为管理者，及时、准确地发现员工潜在需求就尤为重要。

根据马斯洛需求层次理论，当员工的低层次需求得到相对满足后，更高层次的需求也就相应产生，而未满足的需求则会影响员工的工作行为。当然，此刻员工未满足的需求，极有可能就是员工迫切需要得到满足的主导需求。管理者可以根据马斯洛需求层次理论和员工目前的需求层次，来判断员工主导需求的变化。当员工主导需求发生变化时，管理者必须及时进行激励，并把握好激励的最佳时机，如图 8–3 所示。

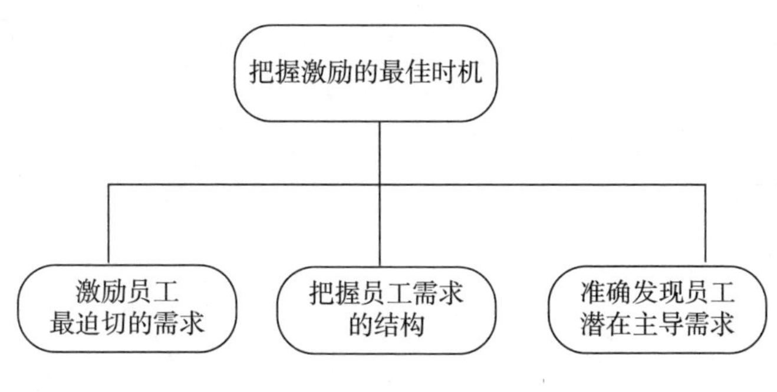

图 8–3　搞清楚最佳时机的三个步骤

1. 激励员工最迫切的需求

从心理学来讲，个体在物质或精神得到某种满足时，更容易产生接受激励的积极心理态度。学者王坤明在《管理中激励员工的最佳时机》一文中认为：“当员工对某种需求具有强烈的满足愿望时就是激励的最佳时机。需求是人的行为的内在驱动力。当员工某种需求强烈时，就会产生相应的追求欲望。这种追求欲望会在员工的日常行为或工作中不自觉地表现出来。管理者就可以通过暗中观察、谈话交流等方式了解员工的这种迫切需求欲望，把握激励的最佳时机，给予员工及时激励。不仅如此，管理者还应引导员工将较低层次的需求向较高层次转移。激励员工在实现自己价值的同时，为所在组织的前途和命运而努力奋斗。”

2. 把握员工需求的结构

根据马斯洛需求层次理论，管理者必须满足员工的物质和精神需求，这就要求管理者了解不同员工的需求结构，即对底层需求强烈的员工更多地给予物质满足，而对高层需求强烈的员工则应及时地进行精神层面的激励[①]，即尊重和认可高层需求强烈的员工。

3. 准确发现员工潜在主导需求

在企业管理中，有效的激励管理是建立在管理者准确发现员工的潜在主导需求基础之上的。只有把握激励的最佳时机，对员工进行及时的激励，才能达到最大化的激励效果。

① 刘杏梅，梁旭．企业不同层级员工差异化激励研究——基于马斯洛需要层次理论 [J]. 宿州学院学报，2017（05）：22–25.

第 9 章

激励有度，不能滥用

管理者在日常管理中一旦激励不足，员工在实际的工作中就会缺乏干劲，得过且过；反之，一旦激励过度，必然导致经营成本上升，不利于企业长久发展。

每当业绩下滑、激励下降时，这无疑会导致员工不满，离职率上升，企业因此就要投入更大的成本。

总之，在奖励体系中，适当的物质和精神奖励是可以收获良好效果的。凡事都讲究一个度，激励管理也不例外，一旦不遵循这个法则，则必然适得其反。

只有适当的激励，才可能发挥积极的作用

在我国悠久的历史长河中，各个时期组织结构的管理者在提升成员工作激情时，“重赏之下，必有勇夫”的激励最为普遍。管理者不知道的是，过分地强调重赏，可能导致过度激励。

一旦过度激励，而员工过于努力，反而使绩效水平降低。原因是，过度激励会给员工造成过度的压力，当压力超过员工所能承受的限度后，其激励效果可想而知。

激励和绩效之间并不是简单的因果关系

作为管理者必须清楚，激励和绩效之间并不是简单的因果关系，而必须是建立在恰当的激励手段基础上的。

当然，激励要产生预期的效果，管理者就必须考虑奖励内容、奖励制度、组织分工、目标设置、公平考核等一系列的综合因素，同时还要留意员工个人的满意程度。

根据波特和劳勒综合激励模型，绩效与内外激励结合起来，才能让激励管理真正有效，如图 9–1 所示。

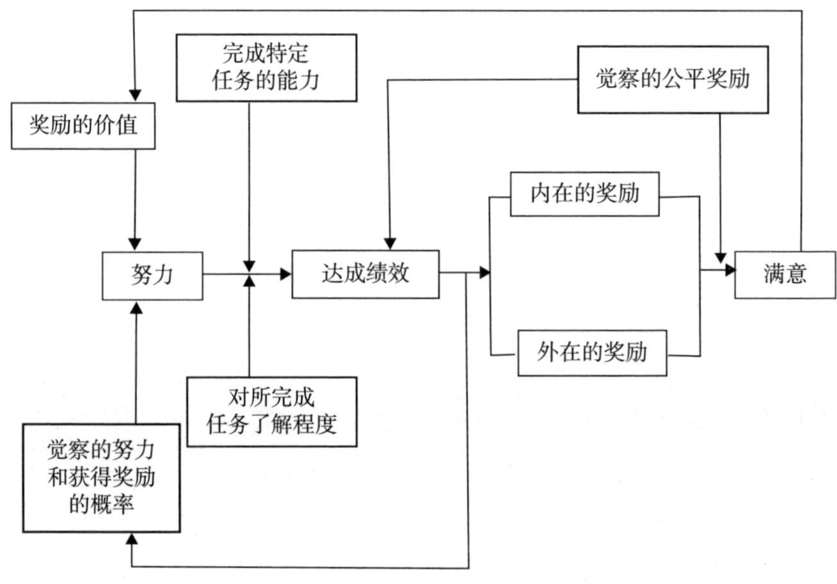

图 9–1　波特和劳勒综合激励模型

因此，要想使得激励有效，企业必须建立健全一套有效的激励机制并合理运用，既是提升员工工作积极性的重要手段，又是发挥激励作用的关键。众所周知，一家企业进行有效激励所要做的第一件事情就是选择合适的激励手段。激励手段有很多种，关键取决于管理者个人，其中最常用的是薪酬奖励，但是这需要成本的投入。[①] 然而，有些管理者不懂得这个道理，为之困惑不已。

刘伟毕业于北京某大学，由于学习成绩优异，毕业前就被某民营公司录用，主要负责销售工作。

刚开始，刘伟非常满意这份工作，不仅月薪较高，而且还是固定的，没有业

① 张祖力 . 企业管理者常用的几种非薪酬激励方式 [J]. 功能材料信息，2004（02）：40.

绩压力。

刚入职的头两年，刘伟的销售业绩平平。随着孩子的出生，家庭经济压力陡然增大，这使得刘伟不得不努力工作。

随着刘伟对业务的熟悉以及与客户关系的加强，其销售额也渐渐上升，工作也开始变得得心应手。到了第三年年底，刘伟的业绩已名列前茅。对下一年的销售业绩，刘伟可是信心满满，销售冠军势在必得。

尽管定额比前一年提高了 150%，但仅仅到 9 月初刘伟就完成了这一指标。根据刘伟的观察，其他同事还没有人能完成定额。于是，该公司又把刘伟的定额提高了 25%，刘伟仍是一路领先，比预计的还要顺利。根据经验估计，刘伟能在 9 月前完成自己的销售任务。

尽管干得很出色，但是按照该公司的政策规定，不公布销售员的销售额，也不鼓励互相比较，这就使得刘伟非常不舒畅。

刘伟认为，自己奋力完成工作任务，工资没有多大变化，甚至连表扬都没有。而本市的其他民营企业都在搞销售竞赛和有奖活动，业绩优异的销售员可以拿到高额的佣金。其中有一家是总经理亲自宴请销售冠军，内部通报每个销售员的销售业绩，还评选季度、年度最佳销售员。

刘伟入职都快四年了，同事们也大多保持现状。只有与总经理关系最好的一位同事平步青云，刘伟此刻才感到在该公司的前景特别暗淡。

想到此，刘伟就非常恼火。刚入职时，刘伟并不关心是否被表扬，而如今刘伟认为，公司对销售员实行固定工资制度是极为不公平的，应该按劳付酬，不能吃大锅饭。

于是，刘伟主动与总经理汇报了自己的想法，建议将固定工资制改为佣金制，至少按业绩奖金制。不料总经理却以母公司的既定政策，拒绝了刘伟的建议。

没过几天，刘伟辞职加盟了另一家企业。

在本案例中，刘伟辞职的原因主要有以下两方面。

第一，公司缺乏一套有效的绩效考核体系。回顾刘伟的履历不难发现，从入职到离职的几年时间里，公司在销售员的待遇上基本上是一成不变的。相对的高薪只能让刚入职时的刘伟满足，无疑缺乏进取的动力和压力。当刘伟之后取得业绩时又不被认可和激励，使得刘伟失去了进一步进取的推动力，最后不得不离开公司。导致刘伟离开的根源，就是没有建立起有效的与薪酬提升挂钩的绩效考核制度。

第二，公司的薪资体系缺乏激励作用。销售这个职业极具挑战性，而销售员的能力和付出不尽相同，其取得的业绩也是天壤之别。一旦采用固定工资制，自然不能体现其分配的公平性，无疑也无法达到激励的效果。

过度激励的困境

很多企业管理者都想搞清楚"是否激励越多，岗位效率就越高"的问题。然而，遗憾的是，现实的激励困境给了他们难以接受的答案。

随着现代人力资源管理理论和实践在我国的应用和发展，"以人为本""人性化""情感管理""家文化"等成为企业家谈论的热门词汇。在这样的形势下，如何实施科学合理的激励模式就摆在了所有企业管理者面前。从人力资源管理的角度来分析，激励员工的最终目的是提升员工在企业的满意度和岗位效率。因此，过度的激励可能导致过度的压力，甚至员工的过劳，使员工的身心健康受损。很显然，过度的激励与"人本管理"的思想不符，也不被当前"以人为本"的管理思想所容忍。

为此，英国政府公共关系部前主任查尔斯·科恩在接受《金融时报》采访时说道："过度激励员工会衍生一种恶习，而在这种恶习的驱使下，会促使公司将激励员工视为重中之重，而将追求生产力抛在了一边。”①

员工激励中的“过度理由效应”

在员工激励管理中，企业管理者当务之急的重要问题是，激发员工的工作积极性和创造性，提高员工的工作绩效。有些管理者在激励管理的过程中会忽视精神激励的巨大潜在效果，而把物质奖励作为激励员工的主要手段。

对此，管理者如果不惜耗费巨额的资金激励员工，一旦企业无力承担如此高昂的费用时，员工的工作绩效也就相应地降低。

这种社会现象被社会心理学称为“过度理由效应”，这是从美国社会心理学家利昂·L. 费斯汀格（Leon L.Festinger）的认知失调论衍生出来的。众所周知，“过度理由效应”是一种社会心理学现象，是指在现实生活中，人们在做一些事情时，总是力图使自己和别人的行为看起来更加合理，甚至还找一些原因来证明其合理性。

根据利昂·L. 费斯汀格的认知失调论，如果人们的一种行为本来有充分的内在理由，如兴趣支持，则人们对于行为及其理由的认知是协调的。但如果以具有更大吸引力的刺激（如金钱奖励），给人们的行为额外增加“过度”的理由，那么人们对于自己行为的解释，会转向这些更有吸引力的外部理由，而减少或放弃使用原有的内在理由。此时，人们的行为就从原来的内部控制转向了外部控制，如果外在理由不复存在，如不再提供金钱奖励，则人们的行为就失去了理由，从而倾向于终止这种行为。这就是过度理由效应。②

① 查尔斯·科恩. 滥用激励，也会让好公司失败 [J]. IT 时代周刊，2005（23）：68–69.

② 郑雪. 社会心理学 [M]. 广州：暨南大学出版社 , 2004.

一名员工如果受到管理者的过度激励，会导致该员工的绩效水平因过于努力反而降低。具体原因分析如下。

1. 从经济学的角度分析，任何事物的利用都必然会出现收益递减现象，甚至出现负收益。资本、劳动、技术等生产要素作为制度的激励，当激励效果不显著时，收益递减现象必将出现。[①]

2. 在激励过程中，管理者对员工的激励，并不是无条件地满足员工的任何需求，而是通过使企业绩效提高的方式来满足员工需求的基础上，同时对员工需求满足的方式和程度加以控制。例如，员工在上班时间有社交需求，甚至可能擅自离职去满足这种需求，这种需求的满足不仅不会提高企业绩效，反而对企业有害，而且有些需求被过度满足后反而会导致绩效下降。[②]

3. 员工的承受能力都是有限的。在实际的工作中，一旦员工的工作过重，被工作压垮就是很自然的事情。当员工不堪重负时，再多的激励也起不到作用；相反，他们还会另寻出路。因此，作为管理者，激励员工时不能过度，必须考虑员工的承受能力；否则，将会严重影响到该员工的绩效水平。

由于工作的关系，我经常接触一些中小企业老板。在接触的过程中，我发现很多中小企业老板在激励员工时通常仅仅注重物质奖励，压根就不知道精神激励，这就造成员工存在一旦没有奖金时，其工作积极性会马上下降的问题。

对于这个让老板棘手的问题，我将运用社会心理学的理论，通过我在给一家企业做培训时的案例分析，来进行深入探讨其根源，最后找出相应的解决办法。

T公司位于苏州市昆山工业区，主要生产和销售小型机械。老板刘瑾是一个典型的“60后”，办事雷厉风行。由于近几年我国经济发展持续下滑，T公司的

---

① 谢军，唐玉凤.我国中小企业员工薪酬管理现状及对策 [J]. 中国商界（上半月），2009（03）：59.

② 戴晓辉，李广义.基于绩效考核的过度劳动原因分析 [J]. 中国商论，2018（30）：168–170.

产品销售业绩也遭受影响，其产品销售额逐年下降。

为了控制成本，刘瑾特地邀请我给 T 公司所有员工讲授《丰田式成本管理》。课后，我向刘瑾提及张旭昆，因为张旭昆在培训中发言较为积极。

据刘瑾介绍，张旭昆是 T 公司市场部的一名销售员，由于销售业绩较差，销售总监陆虎因此也很少注意到他。

去年年初，在一个企业家论坛上，热情、活泼的张旭昆终于赢得了南京市某大型企业老板的认可，获得该企业的长期大订单，张旭昆的季度销售业绩也因此跃居榜首。

在业绩为王的 T 公司市场部，销售总监特地召开部门会议，表扬张旭昆的业务能力，并将张旭昆取得的销售业绩向老板刘瑾做了详细的汇报。

收到汇报的刘瑾当即决定，发放一笔丰厚的奖金给予张旭昆，以鼓励其工作表现。

为了激励其他销售员，刘瑾还以书面形式宣称，但凡取得不错业绩的销售员除了可以得到相应的绩效工资外，还将获得一定数量的额外现金奖励。

刘瑾的决定一经公开，张旭昆及其同事们备受鼓舞。为了能够拿到更多的奖金，销售员们甚至在休息时间都去销售 T 公司的产品。在销售员们的辛苦努力下，T 公司的销售业绩得到了大幅度的提高。

好景不长，由于铜、钢材等原材料价格的大幅度上涨，生产成本也随之增加，T 公司的产品销售渠道也因此受到一定影响，利润出现了明显的下滑。为了减少 T 公司的经营成本，刘瑾决定暂时取消业绩突出销售员额外的业绩奖金，绩效工资仍然正常发放。

让刘瑾没有想到的是，暂时取消业绩突出销售员额外业绩奖金的决定公布后，立即引起了包括张旭昆在内的所有 T 公司销售员的强烈不满，但是面对刘瑾的决定，这些销售员也无可奈何。就这样，在表达不满无效之后，张旭昆和其他销售员也失去了之前的工作干劲，甚至不再积极维护客户关系，许多老客户纷纷放弃了采购 T 公司的设备，有的销售员也跳槽到了竞争者那里，甚至还带走一大批客户。T 公司的整体销售业绩大幅下滑，刘瑾感到困惑不已。

面对如此局面，销售总监不得不找张旭昆谈话，询问 T 公司业绩下滑的真正原因。张旭昆一针见血地回答说："现在没有额外现金奖励了，我为什么还要那么辛苦地跑业务？完成任务就行了。"

面对此情此景，刘瑾可谓是陷入了进退两难的境地，如何激励销售员成为横亘在他心头的一道坎。

反观案例中的张旭昆，他之所以没有了之前的工作积极性，是因为受到了过度充分理由效应的影响。在张旭昆看来，尽可能地签订更多订单是为了拿到业绩奖金，这也是努力取得高业绩的外部理由。当业绩奖励达不到自己的期望时，张旭昆就会改变行为。这就要求企业管理者提升自己的管理素养，不能忽视精神激励的作用，要做到以精神激励为主，物质激励为辅。这样的混合激励既满足员工对物质的需要，同时又能满足被管理者尊重和自我价值实现的精神需要，有效地提高了员工激励的效果。

过度理由效应实验

谈到"过度理由效应"，自然要了解过度理由效应实验。1971 年，美国心理学家爱德华 · L. 德西（Edward L. Deci）和他的助手经过多次实验，证明了过度理由效应。

在实验中，爱德华 · L. 德西邀请多名大学生作为过度理由效应的被试，让这些大学生单独解答一些诱人的智力问题。

该实验分为三个阶段：第一阶段，让每个被试自己解答问题，即使解答正确也不给任何奖励；第二阶段，将被试分为两组，一组为正常组，一组为奖励组，奖励组中被试中每解答正确一个问题，就能够得到 1 美元的奖励；第三阶段，在自由休息时间中，被试可以自由活动，想做什么就做什么。爱德华 · L. 德西这样安排的目的，就是为了考察被试是否还能继续保持解答问题。

爱德华 · L. 德西的实验结果显示，与奖励组相比较，正常组的被试即使在自由休息时，仍然继续解答问题，而奖励组的被试在计算报酬解答问题时非常努力，但在没有报酬的自由休息时间里，却显然失去了对解答问题的热情。爱德华 · L. 德西由此得出结论：在激励管理中，任何人都有可能受到过度理由效应的影响。

更为重要的是，当外部理由不充分时，员工可以通过内部理由将该行为“内化”，使得该行为得到延续。因此，管理者必须做好以下两点。

1. 企业管理者奖赏适度，奖励应在企业承担范围之内

由于受到过度理由效应的影响，企业管理者在激励员工时要做到奖赏适度。这里的“适度”，主要是指物质奖励的金额应充分考虑本企业的财务状况、员工的平均薪酬水平等诸多因素。

管理者采取适度的物质奖励的好处主要有以下两方面。

第一，减小过度理由效应带来的影响，强化员工行为的“内化”，有效地避免员工“只为钱而工作”的心理。

第二，减少员工心理落差。对于任何一家企业来说，都有经营不景气的时候，而企业也采取了适度的物质奖励，即使企业在经营不景气的时期减少对员工的物质奖励，员工也不会因此而产生过大的心理落差。

因此，管理者在激励员工时，应建立在完善制度的基础上，做到有章可循，不可凭主观想法随意发放；否则，不仅不利于控制企业经营成本，而且会助长不正之风。①

---

① 郑美群，李聪 . 警惕员工激励中的“过度理由效应”[J]. 中国人力资源开发，2010（12）：16.

2. 强化企业的核心价值观，提升员工的认可度

从认知失调论中不难发现，员工行为与工作态度不一致时，就可能会产生认知失调。员工不一致的行为越明显，员工的认知失调程度就越高。因此，在面对员工的认知失调问题时，企业管理者可以通过强化企业的核心价值观，减少员工的认知失调问题，促使员工寻求内部理由，加速员工对企业行为的认可。在上述案例中，T公司老板刘瑾可以通过培训、文化学习、员工座谈等多种形式，强化企业的核心价值观，提升员工内心对企业核心价值观念的认同。①

① 郑美群，李聪．警惕员工激励中的“过度理由效应”[J]. 中国人力资源开发，2010（12）：16.

第 10 章

不与员工争功劳，让员工有成就感

在日常的员工管理中，很多管理者在激励员工时往往都很随意，想得起来就激励，想不起来就不激励，甚至还吝惜重赏做出重大贡献的员工。

殊不知，管理者这样做可能让激励制度形同虚设。事实证明，重赏做出重大贡献的员工，远远大于加薪和福利带给员工的刺激。如三一重工的企业宗旨是“创建一流企业，造就一流人才，做出一流贡献”。在很多巨型企业中，重赏做出重大贡献的员工已经成为常态。因此，管理者在日常的激励管理中，千万不要吝惜重赏做出重大贡献的员工，他们做出的业绩将影响企业在整个行业的格局。

管理者要懂得分享

在很多影视剧中，我们时常会看到很多员工奋力工作取得重大业绩时，管理者总是在强调自己的功劳，似乎员工的努力都不存在。不可否认，这样的员工管理显然是存在问题的，特别是在激励员工时，肯定员工的努力和工作成果比薪酬的效果要更好。正如美国著名领导力大师约翰·C. 麦克斯韦尔（John C. Maxwell）在《360 度全方位领导力》中说的：“大多数管理者希望能增加自己的价值。如果你采取的方式会为上级增加价值，你就拥有了影响他的最佳机会。”

在麦克斯韦尔看来，积极地肯定员工的价值比肯定自己更重要。新东方创始人俞敏洪在公开场合曾坦言：“几个大学生朋友在一起创业，刚刚做到有欣欣向荣的迹象的时候，却因为有利润了，开始计较分多分少的问题，最后就散伙了，在创业还未达到顶级状态的时候就倒闭了，所以分享精神在创业过程中也是非常重要的。”

营造一个把功劳尽可能给员工的企业文化

一个合格的管理者，不仅要与员工一起分享功劳，而且有时要故意把本属于自己的功劳尽可能地推让给员工。

当然，管理者这样做既激励了员工发挥实现自我价值的工作才能，又让管理者把功劳尽可能给员工的举动融入该企业文化中，从而营造一个全公司把功劳尽可能给员工的企业文化，这样的激励方式比直接发放薪酬更容易让员工接受。

在很多企业中，有一些"精明干练"的管理者不轻易相信员工的工作能力，往往是已经派给员工的工作任务，自己却要亲力亲为。即使在很小的一个工作任务中，也要亲自过问。

在《家族企业长盛不衰的秘诀》培训课上，我问了学员们一个非常平常的问题："假若在一年中你们公司的销售额增长了 300%，应归功于谁？"

学员们更多的是说归功于管理者，理由是该业绩是在管理者的带领下才取得的。然而，如果问那些管理者，销售额增长 300% 的功劳属于谁的时候，他们却往往与员工争功或者在公开场合下贬低员工、尽可能地抬高自己。如部分管理者在例会上往往对员工说："像你们这么干怎么能成？要不是我亲自督战，销售额能取得增长 300% 的可喜业绩吗？"或者说："有的同志会干的不干，不会干的瞎干，要不是我及时发现问题，销售额能取得增长 300% 吗？"这些管理者其实讲得很明确了，如果没有他这位管理者，该公司是不会取得这么好的业绩的。

管理者与员工争功，贬低员工，都是管理者心胸狭隘的具体表现。当某企业或部门工作成绩突出时，人们往往会把"某企业经营得好"与"该企业老板能干"等联系在一起。作为管理者，根本就没有必要自我表功。如果管理者与员工争功，不承认员工的成绩，反而会损坏管理者在员工中的领导形象。

这看起来是小事一件，然而，这样的事情后果却很严重，极有可能挫伤员工的工作积极性，以至于在岗位上毫无责任心可言。

这并非危言耸听，试想，但凡公司有一点成绩，都是管理者的功劳，员工还有心思搞好工作吗？因此，管理者与员工争功，不仅会极大地影响管理者在员工中的领导力，而且还会加剧员工与管理者之间的矛盾，从而加剧员工的怠工心理，阻碍企业的发展。

在一次培训课上，M 高科技电子公司的人力资源部经理石岩告诉我，她曾在公司里挑选出一名年轻的职员担任工程部的经理，原因是工程部的员工虽然非常能干，但是效率一向不高，其他管理者曾试图使这个部门走向正轨，但是没有人成功过。

不过在新上任的年轻经理的管理下，奇迹出现了，不论他做什么都会产生积极的影响，员工的热诚和活力倍增，这个部门也变得极有效率。

这位新经理在接管工程部的几个月后，在一家餐厅遇到一位女同事对他说："你的部门真是蒸蒸日上，我不敢相信你们在这一季度已经完成那么多的设计方案。"

这名年轻经理在女同事的奉承下变得得意忘形，脱口就说："是呀，在我接管工程部以前，这个部门从来不是一个真正的工程部。"

他的话在这家公司内迅速流传，不久就传到了工程部员工的耳朵里。短短几天内，工程部就又变成一个没有效率的部门。

几个月后，这位在工程部创造奇迹的年轻经理就被调到了其他部门，他虽然曾试图挽回颓势，但是再也无法让部属信服了。

告诉我这件事的人力资源部经理最后感叹："将员工的功劳归为己有，竟能造成如此严重的影响。"

这个示例警示每一位管理者，在任何一项工作中，都绝不可能始终靠管理者一个人去完成，都必须是一个团队去完成的，可能在某些工作任务中，一部分员工贡献得相对较少，但是作为管理者，员工哪怕是一点微不足道的协助也必须由衷地向他表示感激，绝对不能否认下属在这项工作中的功劳。

懂得分享是管理者一个必备的素养

懂得分享是管理者一个必备的素养，特别是懂得把功劳让给员工。其实，把功劳让给员工只不过是管理者对员工劳动的尊重和认可。

作为管理者，必须明白，对员工劳动的尊重和认可可以让员工更加积极、主动、兢兢业业地工作，既能让员工感激不尽，又能鼓舞员工士气，对企业的发展起到很好的推动作用。

事实证明，卓越管理者的英明之处在于，他们能够尊重员工的成果，把功劳让给员工，从而让员工最大限度地发挥其价值；相反，如果管理者经常与员工争功，不仅会激化员工与管理者之间的矛盾，而且还会引起员工的不满。

作为一名管理者，这一点是要绝对牢记的。在《创业大讲堂》首场讲座“在失败和探索中成长”中，主讲人新东方教育科技集团董事长兼总裁俞敏洪告诉在座的大学生们，创业要有“坚韧不拔、不怕失败”的精神，要有足够的准备期，而且最重要的是还要懂得与自己的合伙人以及职员一起分享。

俞敏洪多次谈到，要想创业成功，必须懂得与人分享。俞敏洪说：

我用两个比喻来说明什么叫分享。我常常跟新东方的学生讲，大家要学会分享。你有六个苹果，你留下一个，把另外五个给别人吃。当你给别人吃的时候，你并不知道别人能还给你什么，但是你一定要给。因为别人吃了你的那个苹果以后，当他有了橘子，一定会给你一个，因为他记得你曾经给过他一个苹果。最后，你得到的水果总量可能不会增加，还是六个水果，但是你的生命的丰富性成倍增加，你看到了六种不同颜色的水果，吃到了六种不同的味道，更重要的是你学会了在六个人之间进行人与人最重要的精神、思想、物质的交换。这种交换能力一旦确立，你在这个世界上就会不断得到别人的帮助。这是第一个比喻。

还有，你生活中的痛苦和快乐一定要跟别人分享。因为如果你把痛苦压在心里，就像一座还没有爆发的活火山一样，早晚有一天会爆发。一旦爆发，力量就是毁灭性的，它可能会把你自己摧毁，也可能把别人摧毁。1980 年，美国的圣海伦斯火山的爆发就是一个例子。圣海伦斯火山 100 多年没有爆发，人们认为它不会爆发。结果一夜之间爆发了，把周围几十英里的土地全部摧毁得一干二净，几个人一起才能抱拢的大树在一秒钟之内全部被烧毁。但是你到了夏威夷以后，你就敢站在火山口看岩浆源源不断地流出来，因为你知道有岩浆源源不断地流出来的火山是不可能爆发的。同样道理，当你心中有压抑和痛苦的时候，你需要朋友、同事、领导和你一起分享。当你和别人分享的时候，你就会发现你的心灵是平静的，而人的心灵的平静是一切幸福和快乐的根本保证。

创业要有分享的精神，俞敏洪用一个简单的例子对学生讲述了创业要有分享精神的道理。这是一个简单的道理，但在创业过程中有些人却看不到分享的重要性。长虹集团前 CEO 倪润峰认为："一个喜欢抢夺员工功劳的管理者是不可能成功的，他得到了近利，却忽视了远利；反之，一个不与员工抢功劳的老板，才有可能成功。"

从中我们不难看出，作为管理者，把功劳尽可能给员工，不仅体现了管理者自身的影响力，同时也提升了员工的岗位效率。

作为管理者，如何才能把功劳尽可能给员工呢？方法有以下几个。

1. 与员工分享功劳甚至是把功劳让给员工

一名卓越的管理者应该是与员工分享功劳甚至是把功劳让给员工，这样才可能最大限度地激励员工，创造一个优秀的团队；反之，是得了近利，但必有远忧。

2. 将功劳让给员工时，切勿要求员工报恩

当管理者将功劳让给员工时，切勿要求员工报恩，或者摆出威风凛凛的姿态。因为员工可能会因此而产生逆反心理，甚至感到自尊心受损，进而采取反抗的行动。如此一来，反而得不偿失。

3. 心甘情愿地把功劳让给员工，并且对其表达感谢之意

管理者应该心甘情愿地把功劳让给员工，并且对其表达感谢之意。换言之，管理者该换个角度想，一旦自己身在一个可以“施惠”的公司，并且拥有值得“相让”的员工，才能让员工尝到满足的滋味，一切都是值得感恩的。[①]

不拘一格地选拔使用优秀分子

很多管理者之所以激励失效，是因为这些管理者把员工当作螺丝钉，哪里需要放到哪里，结果忽视了员工的需求，使得员工怨声载道，即使管理者许诺巨额的奖金、快速的升迁，也不能让激励发挥应有的作用。

根据马斯洛需求层次理论，有些员工不会甘于做螺丝钉，在获得基本的薪酬之后，必然追求自我价值的实现。因此，管理者适时地授权给员工，让其实现自我价值，比高额的奖金要有效得多。

把员工当成一次性螺丝钉，是没有任何意义的

企业管理者们经常会犯同样一个错误，就是把员工当作螺丝钉。《哈佛商业评论》记者妮洛弗·麦钱特（Nilofer Merchant）就曾撰文指出这个问题。她坦

① 陈志武 . 公司花钱让员工高兴值得吗 ?[J]. 理财（经论），2018（06）：01.

言："每天我去参加会议，总有人在言谈中有意无意流露出'员工就是螺丝钉'的想法。"

妮洛弗·麦钱特曾写过一本关于调动员工积极性的书，建议公司关注"人"的因素，以此弥合执行差距。该书出版后，几家大型公司的 CEO 友好地把妮洛弗·麦钱特拉到一旁，说她此举过于冒失，会让人以为她脑子出毛病了。尽管媒体就"软性"因素的重要性在无数的学术论文中发表过相关文章，并在最佳实践中也强调过，但大多数公司仍将员工视为生产线上的投入要素。曾经有管理者问妮洛弗·麦钱特，这种"员工参与"是否可以在核心业务完成之后再添加进去，就像在纸杯蛋糕上加糖一样。这对一直研究员工积极性问题的妮洛弗·麦钱特来说，她简直不敢相信。在她看来，"我们知道，我们的经济已不再以生产物品为主。当我们在谈起员工时，如果还把他们当成一颗颗可更换的一次性螺丝钉，是没有任何意义的"。①

妮洛弗·麦钱特击中了目前很多管理者的要害。事实上，这个问题在我国也同样严重，有的企业因为管理者总是抱有"我雇用了他，放到哪里我说了算"的态度，这只会导致核心人才对企业的不满。

由于公司业务需要，2000 年初，李大志被深圳某公司挖去做副总兼营销总监，主要负责营销事务。

李大志，贵州省遵义人，毕业于贵州大学中文系，1993 年辞去公职南下深圳谋求发展。

李大志走马上任后，竟然发现该公司生产的产品是仿冒其他国家的一个同类产品，主要的销售模式是低价销售。

面对这样的产品销售，李大志主动与总裁刘国栋沟通。然而，出乎李大志意外的是，在该公司，不仅仅李大志与总裁刘国栋之间存在沟通障碍，或者说根本

① 妮洛弗·麦钱特. 别把员工当螺丝钉 [J]. 哈佛商业评论，2011（9）.

无法沟通，甚至每个高层经理与总裁刘国栋都沟通不畅。这都源于总裁刘国栋的刚愎自用，独断专行，根本没有给过李大志等人沟通的机会。

在公司召开的营销工作会议上，总裁刘国栋认为，召开营销工作会议只是讨论一些技术性问题。然而，李大志觉得，召开营销工作会议只是讨论一些技术性问题永远不够，因为公司出现的很多问题已经不是这些技术性问题本身了，而是由公司的战略决策所限定的。

让李大志没有想到的是，公司目前的很多重大战略决策都存在着方向性错误。面对这样的历史性遗留问题，李大志认为，如果重大战略决策的方向性错误得不到纠正，讨论再多的细节问题也毫无实质性益处。

经过几个月的周密调研，李大志根据自己的调研结果，拿出了对公司重大的方向性问题进行修改的方案。

当刘国栋看到这份方案后，非常生气地说："我们公司需要的只是战术型人才，而不是通盘考虑的战略型人才。在公司，全局战略性问题由我决定就可以了。"说完就气冲冲地离开会议室。

从那以后，李大志为了说服刘国栋，做了大量的研究，特别是针对市场策划、市场开拓、产品价格及产品设计提出了自己的想法，并把这些创意常常汇报给刘国栋。

然而，刘国栋对李大志的销售方案不屑一顾，甚至推托有事情以后再谈，要么就干脆否定李大志的营销策划方案。

当李大志将一份报告交给刘国栋之后，再也没有回复。

2000 年 7 月，李大志问刘国栋他写的那份报告的需要哪些修改时，刘国栋却说："公司的有关产品营销总体战略、营销模式设定及市场总体开发计划的重大事宜不是你这位营销总监考虑的。这些大的营销战略都是由我来统一制定。你这位营销总监的职责只是执行这些营销战略就可以了。不过，记住，你这位营销总监的任务只有一个——按照公司的统一的营销策略提高销售额。"

李大志问刘国栋："刘总，既然您认为我还是营销总监，可以给您提几个营销战略的建议吗？”

刘国栋说：“那是当然的，我非常欢迎。”

李大志问：“刘总，我的那份报告就算一份建议书，为什么交上来之后一个月还没有答复呢？”

刘国栋说：“你报告中的内容不符合公司的实际销售情况。”

李大志又问：“哪些内容不适合呢？”

刘国栋说：“这个方案应该是由总经理做，不是你分内的工作，所以不必那么麻烦。”

李大志拿出公司的“营销总监岗位职责”给刘国栋边看边说：“这上面写得非常清楚，这些工作都是我这个营销总监分内的工作。”

刘国栋说：“不要那么教条和死板，制度是死的，人是活的，不能什么事情都那么僵化。”

李大志听后无言以对。

在上述案例中，营销总监李大志可称得上一位称职的职业经理人，尽管李大志在工作中兢兢业业，但在刘国栋这样的老板麾下工作，同样也使得自己的业绩黯然无光。当然，正是因为刘国栋的刚愎自用，独断专行，把员工当作“螺丝钉”，这也为公司的夭折埋下了祸根。

把员工当作个体，而不是机器中的螺丝钉

2008 年，百事食品（中国）有限公司再次获得中国杰出雇主（2008 上海地区）荣誉称号之后，时任百事食品（中国）有限公司人力资源副总裁徐敬慧对杰出雇主有着清晰的理解：“首先要有非常强的价值观体系，其次要有持续性，最后在市场上要有区别性。”

徐敬慧坦言："我们会专门研究'80后'，首先了解他们想要什么，比如更快的发展和不错的收入、工作和生活的和谐、职业发展的想法等；其次公司能够提供什么，比如重视多元化、强调公益精神、团队精神等。"

在徐敬慧看来，人才是支撑企业发展的根本动力，他们是作为个人，而不是机器中的螺丝钉。

在我国大多数中小企业中，最滞后和落伍的不是厂房、设备、技术和营销模式，而是管理者漠视人才，在用人时坚持"员工就是螺丝钉""我雇用了他，放到哪里我说了算"的错误的用人准则，这大大地降低了核心人才的积极性和主动性。

在《家族企业长盛不衰的秘诀》培训课后，我发现很多家族企业老板往往刚愎自用，独断专行，从来都听不得员工的不同意见，哪怕是一点反对意见也不行，而且很多家族企业老板也从来不考虑员工意见的可行性。

在培训课上，一个家族企业老板对我抱怨说："周老师，现在的高级管理人员就是不听话，非得要弄出一个 ×× 管理体系，还要参与什么企业战略决策。在私下我跟这些高级管理人员说，'兄弟，咱们企业就这么大，你按照我的战略执行就行了，至于其他的，你就不用操心了。'而这些高级管理人才却说，'不是我不执行您的战略决策，而是您的战略决策有问题'。"

其实，像上述这个家族企业老板这样的抱怨还有很多。在很多家族企业老板中，从不愿意招聘高级人才，从某种程度上说，他们更热衷于招兵。因为兵来了，家族企业老板可以把他们定义为一线执行人才，而"高级人才"加盟了家族企业，必定就要分享家族企业老板的一部分决策权。

据很多家族企业老板所言，听话的高级人才没本事，有本事的高级人才不听话。特别是随着"高级人才"的加盟，家族企业业绩蒸蒸日上后，不管是外界的合作者、媒体，还是内部的员工，都会不自觉地把目光投射到高级人才身上，这就使得家族企业老板们本人黯然失色。

这就是一部分家族企业总是留不住高级人才，花高薪聘请的高级人才总是不断离职的根本原因所在。

当然，要想改变这种现状，企业老板就必须摒弃在用人时坚持“员工是螺丝钉”“我雇用了他，放到哪里我说了算”的用人准则，否则根本不可能改变现状。方法如表 10–1 所示。

表 10–1　避免错误的用人准则

准则	具体内容
善于授权	在授权给核心人才时，企业老板不能越权指挥，也不能在授权范围内指手画脚
监控风险	在授权给核心人才时，必须监控风险，不能授权之后就放手不管。当风险很大时，企业老板善意提醒核心人才，以确保风险在可控范围之内
责权明晰	在授权时，责权一定要非常明晰。当核心人才没有完成任务时，可以依据授权时的责权来进行奖惩

注重感情的投入和交流以及人际互动关系

在情感管理的呼声一浪高过一浪的今天，管理者建立科学化、程序化、制度化、规范化的激励管理制度就势在必行，这也说明了激励管理永远是个新课题，并在企业界达成了共识。但是，由于管理者不重视激励管理，也就存在大量非规范化、非制度化的激励问题，这样的企业具有极强的随机性、多变性、主观性和隐蔽性，如果管理者盲目地、机械地用其他成功企业的激励制度去规范或者简单地靠奖惩去整治，自然也就很难收到预期的效果。

《哈佛商业评论》的研究结果显示，一个人平常表现出来的工作能力水平与经过激励可能达到的工作能力水平存在着 50% 左右的差异。这组数据足以说明，员工的内在潜能是可以被激励的。因此，要想使得激励效果最大化，作为企业管理者，就必须既要抓好各种规范化、制度化的“刚性管理”，又要注意各种随机性因素，注重感情的投入和交流，注重人际互动关系，充分发挥“情感激励”作用。[①] 所以，在激励员工时，绝不能忽视员工关系的管理。

每次激励绝不是一个个孤立的案例

在实际激励员工的过程中，每次激励都不是孤立的案例。因为有效的激励是建立在企业管理系统的基础之上的，这样才能使得员工看得见，够得着，也将激励与员工贡献以及平时的工作目标完成有机地结合了起来。

在很多管理者看来，只要管理者一对一地做好激励工作，员工就都会受到有效的激励。其实，这样的观点是不全面的，因为员工的激励是否有效，会影响管理者的激励管理。在激励员工的同时，还必须要注意员工关系管理，只有这样，员工的忠诚度才会更高；否则，将可能引发员工管理危机事件。

W 连锁集团经过短短 10 多年的发展，已经从原来的一家小型连锁店发展成为某地区一家知名的家电连锁企业。其管理层也是踌躇满志，希望把握住我国家电良好的发展机会，争做家电连锁企业的领先者。

然而，在 W 连锁集团北京海淀店，接连发生了多名骨干店员集体跳槽事件，这让店长李文华如坐针毡。

李文华感到的直接压力就是，有了更多的竞争者加入，家电连锁投资浪潮一浪高过一浪，一边是新开的门店如雨后春笋般出现，一边是原有的家电连锁企业纷纷扩建，这些新开的门店为了吸引人才，纷纷高薪招聘有经验的店员。让李文华不可接受的是，竞争对手还采取挖墙脚的方法来获取企业所需的人才。

很多有经验的店员禁不住外部高薪的诱惑，纷纷都跳槽了。在 W 连锁集团

① 郭旭炜．对员工传统激励方式的改良与创新 [J]. 中国邮政，2011（01）：42–43.

北京海淀店，有经验的店员跳槽也比比皆是，仅一季度离职的骨干店员就达到十几人。

刚开始，店长李文华相对比较理性。他认为，在 200 多人的门店离职十几个店员也算正常，对该店的经营不会有什么大的影响。

让李文华没有想到的是，跳槽风波愈演愈烈，在一周之内，该店两名非常出色的业务主管被竞争对手给挖走了。更为严重的是，两名业务主管还陆续带走了一些有经验的店员。

李文华得知这一情况后，主动采取了措施应对辞职危机事件。他立即通知所有员工及其领导班子开会，并责令人力资源部尽快采取有效措施来改变当前被动的店员流失局面。

该店人力资源部在经过一番调查和研究之后，向李文华递交了一个建议书，建议把该店已经跳槽店员的家人和亲戚从本店全部开除，以防止店员流失事态的加剧。

李文华觉得该建议可以有效阻止店员流失，于是就批准了人力资源部的建议。在随后的一周内，大清洗运动就开始了，数十名店员因为与跳槽店员有亲属或者朋友关系被该店单方面解除了劳动合同。

尽管辞退了一大批店员，但是事情却变得更加复杂了。被辞退的店员一面向 W 连锁集团总部申诉，一面又像北京海淀劳动主管部门上诉，要求维护自己的工作权利。

在北京海淀区劳动主管部门调查之后，认定 W 连锁集团北京海淀店这样的“株连政策”是严重的侵权行为，责令 W 连锁集团北京海淀店尽快恢复这些店员的劳动关系……

然而，让李文华没有想到的是，北京某报头版头条刊登了被无辜解雇的店员声援的新闻，而且还发表评论文章谴责 W 连锁集团北京海淀店。

W 连锁集团北京海淀店的“跳槽风波”迅速上升为该公司的重大危机事件。在种种压力下，W 连锁集团公司总经理责令店长撤销已经发布的株连政策，并尽快恢复那些被辞退店员的劳动关系，而且还花了很大力气做劳动主管部门和媒体的工作才化解了这次危机。但是，经过“株连政策”之后，越来越多的店员辞职了。

可以说企业的竞争实质就是员工的竞争，在上述案例中，店长李文华为了防止店员跳槽，非常极端地采用了“株连政策”，不仅引发了店员的积极对抗情绪，还被刊登在头版头条，被劳动主管部门责令改正，其影响十分恶劣。

这也警示了每一个管理者，在激励员工时，仅靠野蛮式的“株连政策”是行不通的，必须建立在改善员工关系的基础之上，或者给员工提供可以发挥实现自我的平台，即使被竞争对手高薪挖角，自己的员工也不愿意跳槽。对于管理者而言，必须重视员工的重要性，这也是企业人力资源管理的重要组成部分。

激励时别忘员工关系管理

激励是一柄双刃剑，既可以作为管理员工的工具，也可能降低员工的绩效水平。因此，要提醒管理者的是，员工关系管理一般很难细化，不像在人力资源工作管理中的招聘、培训、绩效、薪酬等可以量化。员工关系管理贯穿于整个企业人力资源的各项管理工作中。

在实际的企业管理中，许多管理者常常忽视员工关系管理，主要原因是：一方面，管理者缺乏员工关系管理意识，认为员工关系管理不重要；另一方面，在实际管理中，员工关系管理仅仅是作为一种领导艺术，没有得到管理者的重视，即员工关系管理还没有成为许多管理者日常的管理工作。

那么，什么是员工关系管理？根据MBA智库百科的定义是：“从广义上讲，员工关系管理是在企业人力资源体系中，各级管理人员和人力资源职能管理人员，通过拟订和实施各项人力资源政策和管理行为，以及通过其他的管理沟通手段调节企业和员工、员工与员工之间的相互联系和影响，从而实现组织的目标并确保为员工、社会增值。从狭义上讲，员工关系管理就是企业和员工的沟通管理，这种沟通更多采用柔性的、激励性的、非强制的手段，从而提高员工满意度，以支持组织其他管理目标的实现。其主要职责是：协调员工与管理者、员工与员工之间的关系，引导建立积极向上的工作环境。”①

从员工关系管理的定义不难看出，员工关系对于企业的生存和发展有着举足轻重的地位，管理者重视员工关系管理将是企业做强做大的根本条件。因此，对外要实行客户关系管理，对内要实行员工关系管理。对任何企业而言，员工不仅是企业利润的直接创造者，还是企业生存与发展的内在动力。

实践证明，管理者重视员工关系管理，员工的责任心就会越来越强，岗位效率也越高，其工作成果就越大，各项任务就完成得比较好；反之，员工责任心较差，各项工作就上不去，企业目标也就难以实现。那么，对于管理者来说，如何才能有效地重视员工关系管理呢？方法如表 10–2 所示。

表 10–2　　员工关系管理的四个方法

方法	具体内容
强化员工关系意识	在企业经营中，员工是维持企业生存和发展的重要保障。任何企业的一切目标、利益、计划、政策、措施等都必须通过发挥员工的工作技能才能实现。可以说，离开员工就没有企业存在的基础。管理者只有将员工关系作为最重要的第一关系来对待，才能发挥员工的潜能
让员工认同企业的远景	对于任何一家企业，其所有利益相关者的利益都是通过企业共同远景的实现来达成的。管理者在员工关系管理中，尽可能地让员工认同企业的远景。作为管理者，往往都是通过确立共同远景，整合企业所有资源，最终实现个体的目标的。如果员工不认同企业的共同远景，那么就没有利益相关的前提

① 杨君红 . 企业员工关系管理工作中的新思路 [J]. 四川建材，2011（06）：177–178.

续前表

方法	具体内容
制定科学有效的激励机制	员工关系管理的最终目的是激发员工的工作积极性，使其发挥实现自我价值的一种管理手段。管理者往往采用科学有效的激励机制来激发员工的工作积极性，根据员工的工作能力、行为特征和绩效等各个方面进行公平的评价，然后再给予员工相应的物质激励和精神激励[①]
将员工的发展作为重要职责	管理者是员工关系管理的重要推动者、倡导者、建设者和执行者。在员工关系管理时，将员工的发展作为重要职责，营造宽松的工作氛围，努力完成好团队的工作目标，创建良好的员工关系[②]

① 李桂华 . 如何对员工进行有效的绩效考评 [J]. 煤炭企业管理，2004：23.

② 朱晓英 . 员工关系管理在人力资源管理中的重要性及具体措施 [J].2020（12）：37–38.

后记

高薪为何留不住人？谈情怀被员工鄙视？如何留住优秀人才？怎样鼓舞团队士气？……相信在许多企业中，激励问题一直困扰着很多管理者，原因何在？

当我经过数月的调研和走访时发现，困扰这些管理者最重要的原因就是激励不足，或者激励过度，即企业管理在激励问题的处理上经常犯那些不应犯的错误，导致管理者耗费了巨额的成本，却引发了员工们的不满。

鉴于此，本书分 10 章介绍了激励管理。此外，为了增加本书的趣味性和生动性，以及可读性，在撰写本书的过程中，我特地采访了上百家企业的管理者，为了避免引起不必要的麻烦，案例中涉及的企业或者企业管理者基本都做了化名处理或者以英文字母替代。

在这里，感谢“财富商学院书系”的优秀人员，他们参与了本书的前期策划、市场论证、资料收集、书稿校对、文字修改、图表制作。

以下人员对本书的完成亦有贡献，在此一并感谢：周梅梅、吴旭芳、吴江龙、简再飞、周芝琴、吴抄男、赵丽蓉、周斌、周凤琴、周玲玲、周天刚、丁启维、汪洋、蒋建平、霍红建、赵立军、兰世辉、徐世明、周云成、丁应桥、金易、何庆、李嘉燕、陈德生、丁芸芸、徐思、李艾丽、李言、黄坤山、李文强、陈放、赵晓棠、熊娜、苟斌、佘玮、欧阳春梅、文淑霞、占小红、史霞、陈德生、杨丹萍、沈娟、刘炳全、吴雨来、王建、庞志东、姚信誉、周晶晶、蔡跃、姜玲玲，等等。

在撰写本书过程中，笔者参阅了相关资料，包括电视、图书、网络、视频、报纸、杂志、官网等资料，所参考的文献，凡属专门引述的，我们尽可能地注明了出处，并在此向有关文献的作者表示衷心的谢意！如有疏漏之处还望见谅。

本书在出版过程中得到了许多教授、激励管理专家、企业管理者、业内人士以及出版社编辑的大力支持和热心帮助，在此表示衷心的谢意。

由于时间仓促，书中纰漏难免，欢迎读者批评指正（E-mail：zhouyusi@sina.com）。